Fünf Landgänge

FÜNF LANDGÄNGE

Matthias Politycki

Marion Poschmann

Michael Kumpfmüller

Mirko Bonné

Judith Hermann

Herausgegeben von
Monika Eden

WALLSTEIN VERLAG

Dieses Buch ist im Rahmen einer Förderung der Kulturstiftung Öffentliche Oldenburg entstanden, die seit 2015
der Partner des Literaturhauses Oldenburg bei dem Projekt
Literarischer Landgang ist.

Bibliografische Information der Deutschen Nationalbibliothek

Die Deutsche Nationalbibliothek verzeichnet diese Publikation in der
Deutschen Nationalbibliografie; detaillierte bibliografische Daten sind
im Internet über http://dnb.d-nb.de abrufbar.

Zweite Auflage, 2021
© Wallstein Verlag, Göttingen 2021
www.wallstein-verlag.de
Vom Wallstein Verlag gesetzt aus der Stempel Garamond und Thesis
Umschlaggestaltung: Susanne Gerhards, Düsseldorf,
unter Verwendung einer Zeichnung von Andreas Reiberg:
Fähranleger Eckwarderhörne, 2019
Druck und Verarbeitung: Hubert & Co, Göttingen

ISBN 978-3-8353-3941-5

Fünf Landgänge
Eine Zwischenbilanz

Seit 2015 bereisen jedes Jahr im Herbst deutschsprachige Schriftstellerinnen und Schriftsteller als Stipendiaten das Oldenburger Land im Nordwesten Niedersachsens. Sie treffen auf Stadtlandschaften verschiedensten Charakters, auf Kultur- und Agrarlandschaften und auf sehr viel Natur. Sie sehen sich um. Sie lassen sich ein auf die ganz oben links an der Peripherie gelegene Region zwischen der Nordseeinsel Wangerooge und den Dammer Bergen, zwischen der Weser und Ostfriesland. Ihre Beobachtungen lassen sie in einen Text einfließen. Im Frühjahr des Folgejahres treten sie die Reise ein weiteres Mal an. Stellte die besuchte Region bei der ersten Rundtour noch ihr Forschungsfeld dar, wird sie ihnen dann zur Bühne. Auf sieben Stationen bekommen die Besucher ihrer Lesungen nicht nur zeitgenössische Literatur vermittelt. Die Literarisierung der Reiseeindrücke ermöglicht Ortskundigen zudem einen neuen Blick auf vermeintlich Vertrautes. Das Projekt zielt nicht auf Regionalliteratur; es bedient keine lokalen Eitelkeiten. Deshalb ist es nach fünf Jahren an der Zeit, die literarischen Reflexionen der Reisen von Matthias Politycki, Marion Poschmann, Michael Kumpfmüller, Mirko Bonné und Judith Hermann auch einer größeren, nicht regional verorteten Leserschaft zu erschließen: als herausragende Beispiele zeitgenössischer Reiseliteratur. Einen Reiseessay, ein Reisetagebuch mit Gedichten, eine Erzählung, ein Reisejournal mit Gedichten und ein Reiselogbuch mit Zeichnungen des Grafikers Andreas Reiberg.

Matthias Politycki besucht zur Recherche für seine Literaturprojekte oft als exotisch geltende Länder. Ausgerechnet Fahrten in die erweiterte Nachbarschaft bezeichnet er jedoch als Reisen für Fortgeschrittene. Wenn nämlich eine Exkursion nach Indien oder Uganda schnell zu der Annahme verleite, die Unterschiede seien offenkundig, wenn auch offensichtlich in Klischees begründet, sei bei einer Reise von Hamburg ins Oldenburger Land von Anfang an klar, dass man genauer hinsehen müsse, so seine Einschätzung. Als Herausforderung hat diese vermeintliche Übereinstimmung ihn am Landgang-Stipendium gereizt.

Bei seiner Erkundungstour, die ihn im Oktober 2015 von Oldenburg nach Cloppenburg, Lohne, Delmenhorst, Nordenham, Horumersiel und Westerstede führte, sah er sogar sehr genau hin. Er bezog Quartier in den Städten und bewegte sich weit in ihr Umland hinein. Unterwegs schrieb er viel in sein Notizbuch. Dann ging es weiter nach Japan. Dort entstand auf der Grundlage der Notizen und der frischen Erinnerungen der Reiseessay *Wo ist überhaupt noch Provinz? Das Oldenburger Land, von Osaka aus betrachtet.* Der Text handelt die Stationen des Landgangs nicht der Reihe nach ab. Genereller ist das Interesse des Schriftstellers, und das jeweils Typische seiner Beobachtungen stellt er in einen pointierten Vergleich. Aus der japanischen Mega-City schaut er zurück auf die zuvor von ihm bereiste Region, die in der Gegenüberstellung auf den ersten Eindruck provinziell erscheinen mag. Sein unvoreingenommener Blick auf die Städte, die Landschaften und die Einrichtungen des Oldenburger Landes offenbart jedoch schnell, dass eindeutige Etikettierungen plakativ bleiben müssten. So findet der Landgänger provinziell Anmutendes auch in der japanischen Großstadt und einige Hot Spots der Globalisierung im Oldenburger Land. »Provinz, wie man sie noch bis zur Jahrtausendwende kannte« bilanziert sein Text, »gibt es anscheinend in Reinform gar nicht mehr. Sie ist nur auf andere Weise globalisiert als die Metropolen, und man muss doppelt so genau hinblicken wie dort, um es zu erkennen«.

Seinen Reiseessay stellte Matthias Politycki im Frühjahr 2016 vor. Die Städte und Landstriche, die er ein halbes Jahr zuvor zum Teil bei tristem Wetter durchfahren, durchwandert und durchrannt hatte, lernte er dabei ein weiteres Mal kennen: unter blauem Himmel und bestens ausgeleuchtet. Im Gespräch mit mir erinnerte er sich an einen längeren Trainingslauf, den er während seiner herbstlichen Tour unternommen hatte. Dem Projektnamen zum Trotz war er im Oldenburger Land nämlich weniger als Landgänger, sondern vielmehr als Läufer unterwegs. Als routinierter Läufer lief Politycki auf beiden Reisen alle zwei Tage. Bei der Lesereise hatte er Tage als Lauftage definiert, deren Stationen er beim ersten Besuch nur gehend oder mit dem Mietwagen erkundet hatte. Und er freute sich im Rückblick, dass das Hoch Oldenburgia nicht die komplette Recherchereise dominiert hatte, sondern immer wieder von Regenfronten abgelöst worden war. Allzu schönes Wetter macht ihn traurig, wenn er alleine reist. Weil er das Schöne dann nicht teilen kann. Neben dem Wetter beeinflusste also auch der Wechsel der Geschwindigkeiten seinen Blick, denn das beschleunigte Laufen schärft seine Wahrnehmung.

Matthias Politycki hat nicht zum ersten Mal eine Reise als Stipendiat unternommen. Schon vor Jahren ging er für längere Zeit an Bord der MS Europa. Danach schrieb er den Schelmenroman *In 180 Tagen um die Welt*. Auf dem Luxusschiff, erwiderte er auf meine Frage nach den markantesten Unterschieden zur Rundtour im Mietwagen, habe er sich wegen der steten Gruppe der Mitreisenden vor allem ein halbes Jahr lang durch Deutschland bewegt. Die Reise durchs Oldenburger Land sei nicht nur deutlich kürzer, sondern im Hinblick auf Ausweichmöglichkeiten auch einfacher gewesen. Allzu einfach soll das Reisen für ihn aber gar nicht sein, sondern lieber zu Ausbrüchen aus der Komfortzone führen. Das Selfie vor der im Reiseführer angepriesenen Sehenswürdigkeit überlässt er gerne den Urlaubern, um sich über die vom Tourismusmarketing gelisteten Sehenswürdigkeiten hinaus in eine Stadt oder Landschaft zu begeben.

Nicht 180 Tage, sondern eine Woche. Nicht um die Welt, sondern in eine Region, die bei Weltreisenden in aller Regel nicht auf der Wunschliste stehen dürfte, führte ihn das Landgang-Stipendium. Im Gespräch mit mir betonte Matthias Politycki die generelle Notwendigkeit, auch an der Peripherie gelegene, kleinere Regionen Deutschlands ins kulturelle Bewusstsein zu heben, um die Vielfalt der Regionen zu bewahren. Und was an der Peripherie liegt, ergänze ich, ist letztlich nur eine Frage der Perspektive.

Die Stipendiaten reisen mit der Bahn oder mit einem Mietwagen durch den Nordwesten, so der Plan. Doch Marion Poschmann wollte mit dem Fahrrad unterwegs sein. Ich traf deutliche Aussagen über Regenfälle im norddeutschen Herbst. Sie konterte mit dem Besitz von Regenkleidung und brachte 2016 Ende September ihr altes Fahrrad aus Berlin mit. Immerhin ließ sie sich von ihrem Mann begleiten, was meine Sorge hinsichtlich möglicher Unglücke – platte Reifen irgendwo im Niemandsland, gestohlene Räder fernab der Zivilisation – relativierte. Die Passagen zwischen den Stationen gewannen an Bedeutung, weil die Autorin des Reisetempos wegen viel Zeit hatte, den Blick unterwegs in die Landschaften zu richten. Auch im Mittelpunkt ihrer zuletzt erschienenen Gedichtbände *Geliehene Landschaften* und *Nimbus* steht die Naturbetrachtung. 2017 erhielt Marion Poschmann den erstmals vergebenen Deutschen Preis für Nature Writing. »Bereits in ihren Gedichtbüchern *Grund zu Schafen* (2004) und *Geistersehen* (2010) hat Poschmann einen neuen Typus des Naturgedichts entwickelt, der die ästhetische Erfahrung von Landschaft auf neue Fundamente stellte«, formulierte die Jury für den Hölty Preis, der ihr 2020 zugesprochen wurde. »*Nimbus* präsentiert Gedichte, die vom irreversiblen zerstörerischen Eingriff des Menschen in die Natur erzählen und zugleich der noch nicht verschwundenen Magie der einzelnen Naturphänomene zu sinnlicher Präsenz verhelfen.«
Marion Poschmann sucht nicht nach den augenfälligen Attraktionen der Natur. In ihrem Beitrag *On the Road* in der WELT vom 25.1.2014 formuliert sie: »Seit einiger Zeit verfolge ich ein Projekt namens FADE ORTE. Ein fader Ort ist ein Ort ohne besondere Merkmale, im Grunde so etwas wie der Mann ohne Eigenschaften, nur eben räumlich aufgefasst. Der Begriff des Faden stammt aus der chinesischen Ästhetik und meint eine

subtile Qualität, die des Unauffälligen, Gemäßigten, in keiner Weise Hervorstechenden. Ein fader Ort kann für die Dichtung sehr produktiv sein. Notwendige Bedingung ist die Abwesenheit schriller Reize, wobei schon das satte Grün eines Rasens als unerhört grobschlächtig gilt.« Ich war lange skeptisch, ob die Schriftstellerin im Frühherbst 2016 fade Orte finden würde, als sie im Oldenburger Land mit dem Fahrrad ›on the road‹ war. Auf blauen Himmel traf ihr Blick und auf durchaus noch satte Grünflächen. Umso erleichterter war ich, als Marion Poschmann mir am Ende ihrer Erkundungstour sagte, die Reise habe unter einem guten Stern gestanden.

Ein guter Stern, das legt die Lektüre ihres Reisetagebuchs nahe, begleitete auch ihre Arbeit an diesem Text. Als Vorbild führt sie im Prolog das Reisebuch *Auf schmalen Pfaden durchs Hinterland* des japanischen Schriftstellers Bashō an, einen Klassiker der Weltliteratur. In der Reiseliteratur Asiens, so Marion Poschmann, herrsche die Ansicht, dass jeder Reise unabhängig von ihrer Länge die Ernsthaftigkeit einer Lebensreise zugemessen werden könne. Von keiner Reise, dauere sie auch nur sieben Tage, komme man als derselbe zurück. Auch ihre Reise durch den Nordwesten hat sie beeinflusst. »Nach einer Woche im Oldenburger Land bin ich ruhiger geworden. Mein äußeres Tempo war vom Fahrrad vorgegeben, mein inneres Tempo hat sich der Landschaft angepasst«, bilanziert ihr Text.

Im Gespräch ließ Marion Poschmann mich wissen, dass sie bei der Recherche zu ihrem Roman *Die Kieferninseln* während eines Aufenthalts in Japan auf den Dichter Bashō und sein Reisetagebuch aufmerksam geworden sei. Seine Reise in den wilden Norden Japans habe zu einer Zeit stattgefunden, als wegen der damit verbundenen Gefahren noch ungewiss war, ob man lebend zurückkehren würde. Weitaus interessanter als diese Gefahren sei für sie als Schriftstellerin aber die Tatsache, dass Bashōs Reiseroute eine Art dichterischen Pilgerpfad beschreibe. Schon 500 Jahre vor seiner Zeit, also vor ungefähr 1000 Jahren, wurde die Strecke von dichtenden Mönchen bewandert, von Schriftstellerpilgern. Sie hielten an besonders schönen, landschaftlich bedeutsamen Stellen, an wichtigen Tempeln und verfassten, wenn es ihnen gelang, ein Gedicht. Die über Jahrhunderte festgelegten Stationen der Reise wurden so zu literarisch vielfach überschriebenen Orten. Jeder Dichter, der etwas auf sich halte, so Marion Poschmann, kenne die Texte, die vor seiner Zeit entstanden und beziehe sich, wenn er die Reise selbst nachvollziehe, schreibend auf sie.

Vor diesem Gespräch hatte ich angenommen, mein Konzept für den Literarischen Landgang sei exklusiv, doch meinen verletzten Urheberstolz muss ich nicht lange pflegen, wenn ich mir vorstelle, dass es gelingen könnte, eine ähnliche Tradition zu begründen.

»Ich werde also«, formuliert Marion Poschmann in ihrem Reisetagebuch, »wie Bashō in den wilden Norden meines Landes reisen. Schmale Pfade, Radwege, Hinterland, stürmische Nordsee, alles ist stimmig. Ich verfasse ein Reisetagebuch, und wenn sich ein Gedicht einstellt, werde ich es einbeziehen.« Tatsächlich hatte sie vor, auch bei der Verbindung von Prosa und Lyrik ganz nah am japanischen Vorbild zu bleiben. Dort folgt auf eine kurze Beschreibung in Prosa zu jeder Station ein Haiku. Solche dreizeiligen Gedichte wollte sie unterwegs an den Abenden im Hotel schreiben. Aber Gedichte, so Marion Poschmann, stellen sich entweder ein, oder sie stellen sich nicht ein. Während der Reise sei es ihr nicht gelungen, auch nur eine Gedichtzeile zu verfassen. Erst sehr viel später entstanden die Haikus und Gedichte, in denen die Motive und Themen aus den Prosatexten wieder aufscheinen.

»Ich mag Orte, denn Orte sprechen«, sagte mir Michael Kumpfmüller vor dem Antritt seiner Reise nach Norddeutschland. »Außerdem habe ich keine Scheu, mich mit Fremden zu unterhalten. Als Journalist habe ich das immer sehr genossen und nur gute Erfahrungen mit mir und den anderen dabei gemacht.« Die Erkundungsreise des Schriftstellers, der nach seiner Promotion zunächst als Journalist für diverse Tages- und Wochenzeitungen tätig war, begann im September 2017 in Cloppenburg. Von dort ging es weiter nach Lohne, Nordenham, Delmenhorst, Jever, Westerstede und Oldenburg. Nicht mit einem Mietwagen, sondern lieber im privaten PKW wollte er fahren. Ich widersprach nicht. Auch, weil der Autor sich in einem im Juni 2017 veröffentlichten Text eher als Reiseskeptiker zu erkennen gegeben hatte: »Ich bin mir bis heute nicht sicher, was ich eigentlich vom Reisen halte«, schrieb er in seinem Beitrag *Meine Russlandgefühle* auf ZEIT ONLINE. »Vieles langweilt mich zu Tode, wenn ich auf Reisen bin. … Insofern kann ich gut und gerne zu Hause bleiben, wenn kein beruflicher Grund mich zum Reisen zwingt oder ermuntert.« Das Landgang-Stipendium war für den Schriftsteller mehr Ermunterung, als Zwang, sich auf den Weg zu machen. Er nahm es gerne an und stellte sich den verschiedenen Aufgaben, die das Reisen mit sich bringt. Die eigentliche Aufgabe sei es, sagte er mir, einen zuvor unbekannten Raum zu betreten. Das Betreten dieses Raumes folge verschiedenen Gesetzen: den generellen Gesetzen des Reisens, den Vorgaben der Veranstalter, der Infrastruktur. Herausfordernd sei es für ihn, sich unterwegs selbst zu ertragen. Auch, dass er sich permanent klarmachen müsse, immer das Falsche anzuschauen und dabei zwangsläufig alles Großartige zu versäumen. Jedenfalls denke er das leicht. Deshalb hat er sich im Nordwesten von Anfang an der Willkür und dem Zufall ausgesetzt.

Schon während seiner Erkundungstour stand für Michael Kumpfmüller fest, dass er seine Beobachtungen in einen literarischen, fiktiven Text einfließen lassen würde. Seine Erzählung trägt den Titel *Der gute Gott von Oldenburg.* Er schickt darin ein Paar nach Norddeutschland. Rieke, seine Protagonistin, ist gebürtige Oldenburgerin. Sie hat eine schwere Entscheidung zu treffen und hofft, unterwegs ihre Gedanken und Emotionen ordnen zu können und am Ende der Reisewoche klarer zu sehen. Der Erzähler des Textes begleitet sie, folgt der von ihr gewählten Route und gewährt ihr Sicherheit in der ungewissen Situation, in die sie schicksalhaft geraten ist. Die Zufälligkeit seines Reisens, die der Autor im Gespräch mit mir betonte, übertrug er auf die Unternehmungen seiner Protagonisten.

Mit dem Beschluss eine Erzählung zu schreiben stellte er seine Erkundungstour in den Dienst einer Geschichte. Vieles, was der Schriftsteller unterwegs sah, war dafür unverzichtbar. Zu Rieke etwa inspirierte ihn eine Frau, die ihm bei einer Schifffahrt auffiel. Ganz allein saß sie am Bug des Schiffes. Eine Touristin schien sie nicht zu sein. Weit über Langeoog und Spiekeroog hinweg habe sie geschaut. Vielleicht bis ans Nordkap. Und sie drehte sich nicht um, wie später Rieke in seinem Text.

Kumpfmüllers Titel zitiert Ingeborg Bachmanns letztes Hörspiel *Der gute Gott von Manhattan*, dessen Gott sich keineswegs edel verhält. Er tötet ein Liebespaar, das sich in einem Hotel in Manhattan der ekstatischen, bedingungslosen Liebe hingibt. Auch Michael Kumpfmüller hat eine Liebesgeschichte geschrieben. Seine Erzählung ist jedoch durch einen optimistischen Grundton geprägt. Gerade weil er auf den ersten Blick nicht passe, habe es ihm gefallen, den Titel des Bachmann-Hörspiels aufzugreifen. So transportiere das Zitat gewissermaßen eine Warnung.

Dass er verdammt gerne im Norden sei, sagte mir der Schriftsteller, habe er schon während seiner ersten Reise, spätestens jedoch in den Tagen der Lesereise festgestellt. Und er vermute, dass die Abfolge seiner Wohnorte diese Vorliebe bedingt: Zu seinen frühen Erfahrungen mit Landschaften habe gehört, dass immer irgendwas den Blick verstellt. Später verschlug es ihn aus dem Süden Deutschlands nach Berlin und nach der Wende in das Hinterland der Stadt: nach Brandenburg. Außer vielleicht Fontane, habe er lange gemutmaßt, könne kaum ein Mensch es wirklich schön dort finden. Es müsse aber doch so etwas wie eine Erziehung des Auges geben, denn inzwischen liebe er die Landschaft. Mag sein, dass diese Annäherung seine ästhetische Lehrschule für den Norden war. Dessen landschaftliche Leere, so sagte er, übe jedenfalls seit Langem eine beruhigende Wirkung auf ihn aus. Schon nach dem siebten Tag im Norden meine er seit drei Wochen unterwegs zu sein. Selten genug könne er erfahren, dass sich die Zeit so freundlich dehne.

Auslandsreisen führten Mirko Bonné schon nach Australien, ins Baltikum, nach Skandinavien, Russland, China, Iran, Latein- und Südamerika, in die USA und die Antarktis. 2014 und 2015 war er Writer-in-Residence des Projekts Weather Stations. Mit Autoren aus Melbourne, London, Dublin und Warschau erprobte er dabei, ob und wie sich die Folgen des Klimawandels literarisch darstellen lassen. Im September 2018 reiste der Schriftsteller als Stipendiat durch das Oldenburger Land. Unterwegs machte er Notizen und hielt in Fotos fest, was sein Blick einfing. Erste Notate und Fotos zur Reise stellte er bald darauf in seinen Blog *Das Gras*. Seit 2012 führt er ihn als poetisches Tagebuch. Insgesamt fünfzehn *Landgänge* veröffentlichte er dort. Sie wurden zur Grundlage für sein Reisejournal, das poetische, historische und narrative Einträge mit sieben Gedichten verbindet: *In der Mitte der Weite*.

Mit der Literarisierung seiner Beobachtungen, sagte er mir, habe die Fiktion Einzug in den Text gehalten. Denn sein Journal spare neben banalen Aspekten der Reise vieles aus, was er unterwegs schlicht übersehen habe. Und es erfinde erzählend Neues hinzu. So sei jedes Erzählen letztlich fiktiv, indem es die Realität, die sogenannte Realität, zum Anlass nehme, sie auszuformulieren und individuell zu gestalten.

Die Ernsthaftigkeit der vertiefenden Recherche, die seinen Eindrücken folgte, wird im Journal ebenso deutlich, wie Mirko Bonnés großes Interesse an Architektur und Bildender Kunst. Nicht nur der gelbliche Qualm eines Meppener Moorbrands grundiert seinen Text. Als roter Faden ziehen sich auch die Kunstwerke Georg Schmidt-Westerstedes durch das Journal, die er an vielen Orten im öffentlichen Raum entdeckte. Durch die Notate seines Blogs waren Familienangehörige Schmidt-Westerstedes auf den Schriftsteller und das Landgang-Projekt aufmerksam geworden. Bei unserer Lesung in Westerstede saßen sie zunächst unbemerkt im Publikum und gaben sich dann nach und nach zu erkennen. Mirko Bonné betrachtet solche Erfahrungen als Belege für die Wirkmacht des Erzählerischen.

Auf umfangreiche Recherche war er neben den unterwegs fest-gehaltenen Notizen zwingend angewiesen, denn ein Hauptmo-tiv seines Journals ist die Suche nach Verschwundenem. Die Be-deutung, die er generell der Geschichtlichkeit beimisst, war ein Thema unserer Gespräche bei den Lesungen. Zum Verständnis historischer Ereignisse, zur aktuellen Selbstvergewisserung und für den Blick in die Zukunft sei es unverzichtbar, sich der ge-schichtlichen Tiefe der Dinge zu vergegenwärtigen, sagte er. Je-des Detail aus früheren Zeiten interessiert ihn als eine Art Fens-ter in die Vergangenheit. Wobei Fantasie und Vorstellungskraft ihm als Motoren für die Vergegenwärtigung früherer Lebens-formen und deren lebendige Überlieferung wichtiger sind, als ihre museale Darstellbarkeit. Deshalb wurde das Aufspüren von Verschwundenem zu einem Leitfaden seines Journals. Des-halb ordnet er seine Beobachtungen in zeitgeschichtliche Kon-texte ein. Verschwundene Gebäude, Brücken, Kunstwerke und Kulturtechniken kann er als Schriftsteller und Dichter so viel-leicht im Bewusstsein seiner Leser lebendig halten und zudem hoffen, dass wir alle einst in der Erinnerung anderer Menschen fortbestehen werden.

Weil die Woche der Erkundungstour für sein großes Interesse zu knapp bemessen war, reiste Mirko Bonné im April 2019 ein weiteres Mal an. Dreimal kam er insgesamt zur Recherche ins Oldenburger Land, denn auch Orte wie Brake, Dangast, Blexen, Bethen und Jade, die keine Übernachtungsstationen darstellten, wollte er kennenlernen. Die wiederholten Reisen waren zudem durch eine persönliche Erinnerung motiviert: An einem Tag im Sommer 1977 ging er als Junge mit seinem Bruder in der Hunte schwimmen. Erst sein dritter Besuch ließ ihn die alte Badestelle wiederfinden. Nicht in Oldenburg, sondern in Hundsmühlen. Ein Großonkel hatte dort gelebt.

Die sieben Gedichte, die als lyrische Höhepunkte in die kaum weniger poetischen Prosapassagen des Journals gesetzt sind, hatte sich der Dichter vor der Reise zur Aufgabe gestellt. Das Schreiben gelinge ihm so besser. Dass auch Marion Posch-mann als Stipendiatin Gedichte schrieb, lässt ihn optimistisch in die Zukunft des Projekts blicken. Er hofft auf einen poetischen Diskurs, den der Landgang in den kommenden Jahren begründen könnte. Die literarische Tradition, auf die sich Poschmanns Beitrag beruft, wenn er Bashōs Reisetagebuch als Vorbild zitiert, wäre nicht der schlechteste Anknüpfungspunkt. Vielleicht, so meine tollkühne Vision, reisen in einigen Jahren Dichterinnen und Dichter auch ohne Stipendien und unaufgefordert ins Oldenburger Land, um auf die Gedichte von Marion Poschmann und Mirko Bonné mit eigener Lyrik zu reagieren.

Judith Hermann war als Landgang-Stipendiatin schon mit Teilen des Oldenburger Landes vertraut. Ihr Ururgroßvater war Leuchtturmwärter auf Wangerooge. Ihre Großmutter lebte in Horumersiel. Noch heute ist ihr Haus in der Blickachse des Leuchtturms im Familienbesitz und Judith Hermann hält sich die Hälfte des Jahres dort auf. Leichter war die Reise – mit dem Ziel, einen Text zu schreiben – deshalb für sie nicht. Erinnerungen grundierten die aktuellen Wahrnehmungen und die fehlende Distanz erschwerte das Fokussieren auf Details. »Alles hier ist Heimat«, sagte sie bei unserer Lesung in Jever, »alles hier ist mit meinem Leben verknüpft, ich ließe die Leinen gerne los«. Auch wegen dieser viel zu großen Nähe zu Teilen der Region, die das Projekt bespielt, ließ sie sich bei der Landgang-Reise von dem Zeichner Andreas Reiberg begleiten. Durch den zweiten Blick, den anderen künstlerischen Zugriff, hoffte sie, zu den vertrauten Orten eine neue Beziehung herstellen zu können. Denn der Zeichner sollte nicht nur ihr Weggefährte sein, sondern wie sie künstlerisch auf die Reise reagieren. In seinem Medium. Die Bitte um Begleitung erwies sich als vorzügliche Idee: Der zweifache Blick, die doppelte Wahrnehmung und deren Überführung in Text und Zeichnung bereichern und erweitern den Text Judith Hermanns zu einem künstlerischen Dialog. Dass der Zeichner seit drei Jahrzehnten im Wangerland lebt, machte die Sache mit der Nähe allerdings nicht besser. Deshalb begann die Reise als Erkundungstour für beide streng genommen erst, nachdem sie Wilhelmshaven und Jever als erste Stationen hinter sich lassen konnten.

Ein graues Notizbuch und ein schwarz gebundenes Skizzenbuch waren die ständigen Begleiter Judith Hermanns und Andreas Reibergs. Er fertigte Zeichnungen an. Die Schriftstellerin machte sich Notizen. Solange sie unterwegs waren, gewährten sie einander keinen Einblick in die Bilder und Formulierungen. Erst in den Monaten nach der gemeinsamen Fahrt, als die Arbeit am Text abgeschlossen war, tauschten sie sich über ihre verschiedenen Zugriffe aus. Und stellten erstaunt und beglückt fest, wie oft sie unabhängig voneinander und doch in Übereinstimmung das Wahrgenommene festgehalten hatten; wie groß die Entsprechungen zwischen Text und Zeichnungen sind. Dennoch stehen sie gleichwertig nebeneinander und nehmen an keiner Stelle eine dienende oder illustrierende Funktion ein.

Während die Arbeit für den Zeichner am Ende der Tour abgeschlossen war, fing sie für die Schriftstellerin in den Wochen und Monaten nach der Reise erst an. Auf der Grundlage ihrer Notizen formulierte sie aus, ergänzte und kürzte schließlich wieder, um den Text literarisch zu verdichten. Das Reduzieren, sagte sie mir, sei für sie generell die wichtigste Arbeit beim Schreiben. Gelungen sei es erst, wenn alles Ausgeschlossene im verbleibenden Text dennoch atmosphärisch mitschwinge. Auch die Zeichnungen Reibergs weisen in Judith Hermanns Einschätzung Leerstellen auf, sind verschwiegen und bleiben oft rätselhaft. Darin liegt für sie deren große Stärke.

Die Schriftstellerin nahm die besuchten Orte, die Menschen und Landschaften mit großer Offenheit und viel Interesse wahr. Auch den Begleiter und sich selbst beobachtete sie unterwegs und befragte das Verhältnis, in dem sie zueinander stehen. »Dass ich auf einer gemeinsamen Reise nicht nur über das Oldenburger Land, sondern auch über unser beider Blick auf die Dinge, über uns schreiben werde«, sagte sie mir im Gespräch, sei ihr noch erstaunlich unklar gewesen, als sie den Zeichner bat, sie zu begleiten. Die Vergewisserung, was ihr das

Reisen in Gesellschaft bedeutet, ihr, die es doch als Schriftstellerin gewohnt ist, alleine zu arbeiten und bei Lesereisen alleine unterwegs zu sein, stellt eine Facette des Textes dar, die ihn, ganz unabhängig von der besuchten Region, zu einem sensiblen Stück Reiseliteratur macht.

In einem Abschnitt, auf einer Station, ist der Dialog von Bild und Text unterbrochen: Während Judith Hermanns Aufenthalt in Delmenhorst war Reiberg an einem anderen Ort unverzichtbar, und so definiert seine Abwesenheit alle Szenen, die dort spielen. Wenn sonst der Zeichner oft vorangegangen sei und damit die gemeinsamen Wege bestimmt habe, ließ Judith Hermann mich wissen, habe sie sich nun von Fremden leiten lassen, denen sie zufällig begegnete. Während sie zu zweit meist schweigend unterwegs waren, kam sie jetzt mit unbekannten Menschen ins Gespräch.

Vielleicht führte die Gegenwart des vertrauten Begleiters, mit dem sich so gut schweigen lässt, dazu, dass Judith Hermann ihre aktuellen Beobachtungen oft durch Erinnerungen grundiert. Einen besonderen Stellenwert nehmen dabei die Gedanken an die Großmutter ein, an die Großmutter als Reisende, in denen die Schriftstellerin vermutlich bei aller Fiktionalisierung sehr persönlich wird. Ihre persönliche Verbindung zum Oldenburger Land ist es jedenfalls, der wir das Reiselogbuch verdanken: Ohne ihren Urgroßvater, ohne den Leuchtturmwärter und ohne ihre Großmutter wäre sie, so formuliert es ihr Text, nie auf diese Reise gegangen.

Die Reisereflexionen von Matthias Politycki, Marion Poschmann, Michael Kumpfmüller, Mirko Bonné und Judith Hermann legen nahe, dass das Oldenburger Land inspirierend auf die Schriftstellerinnen und Schriftsteller wirkte. Freuen wir uns also auf die Stipendiatinnen und Stipendiaten der kommenden Jahre und ihre Landgangtexte!

Monika Eden
(Leiterin Literaturhaus Oldenburg)

Matthias Politycki

Wo ist überhaupt noch Provinz?
Das Oldenburger Land, von Osaka aus betrachtet

Am Anfang war die Kiste. Gepackt vom Literaturbüro Oldenburg, das mich damit für ein achttägiges Reisestipendium durch
eine Terra incognita ausrüstete; zwar ist das Oldenburger Land
von Hamburg in einer guten Stunde zu erreichen, tatsächlich
aber war ich, abgesehen von den wenigen Stunden rund um
eine Lesung, bislang noch nie dort gewesen. Ich hatte die Kiste
dringend nötig.

Die Lektüre des Informationsmaterials, das steht rückblickend
fest, war der beschwerlichste Teil meiner Reise, eine Art Post-
korb-Übung anhand von 10,8 kg Werbeprosa – »Lohne lohnt
sich«,[1] »Berne mag ich gerne«[2] – und Vorzeigerouten für Ak-
tivurlauber aller Art samt dazugehörigen »Boxenstopps«.[3] Das
Oldenburger Land ist ganz offensichtlich kein Urlaubsparadies
für Faulpelze. Ich las von Disco-Nächten in Spaßbädern, von
Eventscheunen, Erlebnisdörfern, »Beach Hundefrisbee Jam«[4]
und Draisinenspaß in Westerstede: »Na, Lust auf Draisine?«[5]
Heerscharen an Komikern erwarteten mich, »allesamt auf dem
Sprung in die erste Liga der deutschen Lachkultur«,[6] darunter
überraschend viele, die sich als Nachtwächter verkleiden und
mir ihre Stadt zeigen wollten.

Wie überlebt man die Provinz, dachte ich, ohne verrückt zu
werden? Auch das kleine Faltblatt zu den »Top-Highlights
2015« auf Wangerooge listete Spaßmöglichkeiten »wie Sand am
Meer«[7] auf. Dazu aber auch einen »Seelenpfad« für all jene, die
den Event-Burnout haben; er führt zu »Tafeln mit Gedichten
und Liedern, die zur Besinnung und inneren Einkehr einladen«.
Aha, dachte ich, darauf also läuft das Tourismuskonzept des
Oldenburger Landes hinaus: erst Be-, dann Entschleunigen. Ich
beschloß, mich aufs Beschleunigen zu konzentrieren. Erholen

konnte ich mich anschließend in Osaka, das kannte ich immerhin schon ein bißchen, so daß ich dort auch mal ein paar Tage zu Hause bleiben konnte ohne das Gefühl, etwas zu versäumen. Im Herbst 2014 hatte ich dort fünf Wochen als Writer-in-residence verbracht; wenige Tage nach meinem Oldenburger Landgang würde ich zurückkehren, um den Osaka-Marathon zu laufen, eine Buchpremiere zu feiern und ein paar Lesungen zu absolvieren. Alles, was ich an Infomaterial mitnehmen mußte, war in diesem Fall ein Stadtplan. Die Kiste dazu hatte ich bereits im Kopf.

Denn obwohl Osaka, von Hamburg aus betrachtet, am andern Ende der Welt liegt, wußte ich darüber weit mehr als übers Oldenburger Land. Viele Wege war ich schlichtweg abgerannt, so bekommt man am schnellsten ein Gefühl für Distanzen und Strukturen einer fremden Stadt. Im Grunde fühlte ich mich in Osaka, obwohl permanent lost in translation, schon ein bißchen zu Hause; zumindest in »meinen« Stadtvierteln war ich auch mental angekommen. Durchs Oldenburger Land würde ich, obwohl heimisch in der Sprache, als ein Fremder reisen.

In Zeiten grassierender Globalisierung entzündet sich unser Bedürfnis nach Heimat selbst an Orten, die in völlig andern Kulturkreisen liegen. Unser Begriff von Heimat wird im Lauf eines Lebens wie ein Mosaik neu zusammengesetzt, in summa ist er wohl ebenso intensiv wie der alte monolithische Heimatbegriff, mit dem wir aufgewachsen sind. Heimweh haben wir damit freilich permanent, selbst dort, wo wir unseren (momentanen) Lebensmittelpunkt haben – wir müssen nur die Augen schließen und einen Moment innehalten.

Osaka liegt im Zentrum der Kansai-Region, die neben weiteren Millionenstädten auch Kobe und Kyoto umfaßt. Flächenmäßig ist diese zweitgrößte Metropolregion Japans mit dem Oldenburger Land durchaus vergleichbar: Nach ungefähr zwei Stunden Autofahrt ist man, da wie dort, einmal von Süd nach Nord durch. Allerdings ist die Kansai-Region, abgesehen von den Gebirgszügen, lückenlos mit einem Betonteppich bedeckt. Hier leben, je nach Quelle, an die 24 Millionen Menschen –

welch ein Kontrast zum Oldenburger Land, das hauptsächlich aus Landschaft besteht. Ein Vergleich beider Regionen legt unweigerlich plakative Thesen nahe, die alle aus dem Gegensatz von Provinz und Megacity gespeist werden und zu entsprechend plakativen Wertungen führen. Blickt man genauer hin, wird es komplizierter.

Auch in Osaka ist das Tourismuskonzept simpel: erst Shoppen, dann Schlemmen. Eine echte Weltstadt hätte dem Reisenden mehr zu bieten, möchte man meinen, vor allem historische Sehenswürdigkeiten. Die es in Osaka freilich nicht gibt; selbst die Burg, die in der Geschichte Japans eine entscheidende Rolle spielt, ist im 20. Jahrhundert völlig neu aufgebaut worden – aus Beton. Nur einkaufen und essen gehen, das lockt zwar Massen an Chinesen, sonst aber kaum jemanden. Damit hat selbst Osaka nur regionale Strahlkraft, ähnlich dem Oldenburger Land, das zwar keine Chinesen anzieht, aber Massen an deutschen Wohnmobilfamilien und Rentnern, die sich fitradeln möchten. Im Buch *1000 Places to See Before You Die*[8] kommt das eine genausowenig vor wie das andre. Es scheint, daß beide für den Weltreisenden ins globale Abseits gerutscht und gleichermaßen Provinz sind, die eine Anreise nicht lohnt.

Ehrlich gesagt, werden sie damit, Oldenburger Land wie Osaka als Zentrum der Kansai-Region, für mich erst so richtig interessant. Auf den ersten Blick könnte der Gegensatz größer nicht sein: Steht man an einem der Knotenpunkte in Osaka, wo sich, zusätzlich zum Straßenverkehr parterre, Stadtautobahnen und Eisenbahntrassen auf zehn, zwanzig Meter hohen Betonpfeilern kreuzen, dann ist auch manch deutsche Großstadt Provinz. Ja, erschrickt man begeistert, genau so sieht Globalisierung aus! Geht man aber ein, zwei Parallelstraßen weiter, reibt man sich verwundert die Augen: Wie eng an eng die Häuser dort stehen, wie schmal die Straßen sind, so schmal, daß nicht mal mehr Platz für Gehsteige bleibt, wie alltäglich die Verrichtungen, die man beobachtet: eine Frau, auf dem Straßenteer kniend, die ihre Blumentöpfe rund um die Haustür neu bepflanzt; ein Alter, der Blechdosen zertritt, bevor er sie in einen riesigen Sack stopft;

Kinder, die eine Katze beim Sonnen stören. Und in den Haushaltsgeschäften liegen Waren, die noch aus der Nachkriegszeit stammen könnten. Während man auf den Hauptachsen von Osaka die Zukunft bestaunen kann, läßt sich in den Nebenstraßen Vergangenheit besichtigen. Es wirkt wie früher bei uns, überschaubar, wohlgeordnet und überraschend ruhig.

Selbst eine Megacity ist, zieht man ihre atemberaubenden über- und unterirdischen Infrastrukturen ab, zu 90% Provinz. Es ist die Normalität, die hier immer wieder aufs neue verwundert; mit dem Außergewöhnlichen rechnet man ja sowieso. Im Oldenburger Land verhält es sich andersherum, noch dazu, wenn man vermessenerweise glaubt, es bereits zu kennen, weil man nur eine Stunde anreisen muß und es also in etwa wie zu Hause sein wird. Doch dann wartet auch das Oldenburger Land hinter all seiner Beschaulichkeit mit einigen Hotspots der Globalisierung auf … Am Ende meiner Reise wußte ich nicht mehr, welche Provinz eigentlich »tiefer« war, die der japanischen Megacity oder die der norddeutschen Wohlfühllandschaft. Beziehungsweise welche Form der Globalisierung mehr an Zukunft versprach. Und ich weiß es noch heute nicht.

Schon bei meinen früheren Besuchen in Oldenburg hatte ich jeden beneidet, der hier wohnen darf: in einer putzigen Provinzstadt, die vor sämtlichen Fährnissen der wechselnden Zeitläufe geschützt war durch Bedeutungslosigkeit. Diese Stein gewordene Zufriedenheit, so dachte ich, muß unweigerlich auf ihre Bewohner abstrahlen. Jetzt erlebe ich die Stadt bei Regen, und selbst da wirkt sie keinesfalls trist. Ein paar Tage später setzt sich wieder das Hoch Oldenburgia[9] durch. Kein Scherz, schon zum vierten Mal hat die sogenannte Kreative Runde (Wirtschaftsgrößen, Rotarier) dem Bürgermeister ein Hoch gekauft. Gibt es andere Städte, die von ihren Bürgern auf der Wetterkarte gefeiert werden?

Während es in Oldenburg selbst im Zentrum geruhsam zugeht, herrscht in Osaka noch in den Subzentren der Peripherie eine Getriebenheit, wie sie das Kennzeichen der Metropole ist. Hier rennen sogar die Paketzusteller, nicht selten auch die Bedienungen. Schön ist Osaka deshalb noch lange nicht, jedenfalls bei Tageslicht. Aber großartig. Oldenburg ist schön. Großartig eher nicht. Schaut man hinter die Kulisse der Betriebsamkeit, steckt Osaka allerdings – wie Japan insgesamt – seit zwei Jahrzehnten in der Krise. Im Vergleich dazu ist Oldenburg zwar keine Boomtown, aber die Landschaften drum herum, allen voran das Oldenburger Münsterland, sind tatsächlich blühende Landschaften. Das Wort Krise kennt man höchstens in Wilhelmshaven.

Die erste Etappe meines Oldenburger Landgangs führt mich von Oldenburg nach Cloppenburg. Weil ich nicht schnell genug begreife, wie klein die Stadt ist, fahre ich zwei Mal ums Stadtzentrum herum, bis ich die richtige Ausfallstraße erwische. Der Autobahnring ist überraschenderweise dann auch hier auf Betonstelzen aufgeständert. Statt durch Wolkenkratzer[10] fährt man freilich durch Baumkronen: Die Deutschen und ihr Wald, in Oldenburg fängt er, jedenfalls für Autobahnfahrer, schon mitten in der Stadt an.

Ich habe Schwierigkeiten, mich dem Tempo der Provinz anzupassen. »Gott schuf die Zeit, von Eile hat er nichts gesagt« – dieser Spruch hängt am Wangerooger Fähranleger.[11] Er könnte auch über dem gesamten Oldenburger Land hängen. In meinem Mietwagen fängt ein Glöckchen nervös zu bimmeln an, wenn ich die vorgeschriebene Geschwindigkeit auch nur um einen einzigen Kilometer pro Stunde überschreite. Die einheimischen Kfz-Halter scheinen sich zusätzliche Warntöne eingebaut zu haben, die deutlich vor Erreichen des Limits Signal geben.

Im Museumsdorf Cloppenburg komme ich zur Ruhe. Die friedliche Geborgenheit, die Gehöften wie Heuerhäuschen anhaftet, ist sofort spürbar; im Bauerngarten entpuppt sich die Spießigkeit von kugel- und kegelförmig zurechtgestutzten Eiben als hochwirksames Sedativum. Vielleicht war bereits Oldenburg eine Museumsstadt?, frage ich mich: und das Land, durch das ich heute fuhr, eine Museumslandschaft, wie ich sie zuletzt als Volksschüler auf der Platte meiner Märklin-Modelleisenbahn bereist habe? Auch in den nächsten Tagen werde ich mir diese Frage immer wieder stellen – auf all den Lehrpfaden durchs Große Moor oder durch die Salzwiesen an der Nordseeküste, in den knorrig auf Wanderer wartenden Museumswäldern rund um die Visbeker Hünengräber, aber auch, wenn ich am Schild »Hallo Grünkohl« vorbeikomme oder an einer Kneipe, die tatsächlich noch Zum Schluck heißt.[12] Es ist so stimmig und heimelig und heil, daß man immer wieder glaubt, in eine künstlich arrangierte Szenerie hineingeraten zu sein, und nach versteckten Hinweistafeln und Stolpersteinen Ausschau hält. Erst als im Museumsstädtchen Jever Oldtimer-Trecker, Marktstände, Musik und Menschenmassen zu einem herrlichen Volksfest zusammenfinden, kann ich mein Notizbuch auch mal steckenlassen und einfach genießen.

Dabei gab es in den Tagen zuvor an Stolpersteinen keinen Mangel: Auf der Suche nach einem Restaurant war ich in Cloppenburg in die Fußgängerzone geraten und einigermaßen erstaunt, daß es hier ebenso häßlich ist wie an einer x-beliebigen Ecke von Osaka. Mit dem Unterschied allerdings, daß Osaka abends zu leuchten beginnt und in vielen Stadtteilen sogar zu funkeln und zu gleißen, von unzähligen Neonreklamen illuminiert. Das Funkeln geht weit über die Stadtgrenzen hinaus, zig Kilometer in diese und zig Kilometer in jene Richtung; der Blick von einer der Aussichtsplattformen oder Restaurants, wie es sie zahlreich in lichter Wolkenkratzerhöhe gibt, ist nichts weniger als atemberaubend. In Cloppenburg gibt es weder Hochhaus noch Illumination noch Restaurant, abgesehen von ein paar leeren türkischen Dönerstuben, und mit der Dämmerung legt sich eine Trostlosigkeit über den Ort, wie ich sie vergleichbar nur noch in und um Nordenham[13] oder, der ganze Stadtkern Unesco-Welttristesse-Erbe, in Lohne verspürt habe.

Jever top, Lohne flop. Wie kann man eine Stadt so herunterkommen lassen, wenn das Land darum herum so reich ist? Und wieso finde ich auch dort so schwer eine ganz normale norddeutsche Gastwirtschaft oder wenigstens einen Laden für den schnellen Einkauf zwischendurch? Logistische Fragen sind in Osaka extrem pragmatisch gelöst, rund um jede U-Bahnstation findet man alles, was man zum Leben (nicht) braucht, und vieles davon auch rund um die Uhr: sogenannte Convenience Stores (24-Stunden-Läden für den täglichen Bedarf), Apotheken, Patchinkohallen (Spielhallen), Karaokehäuser, Restaurants, Kneipen, Love Hotels (Stundenhotels) … Und im Notfall zieht man sich den geheizten Sake aus dem Automaten[14] und aus dem nächsten Automaten Sushi und dem übernächsten eisgekühlten oder heißen Kaffee. Während meiner Zeit in Osaka habe ich oft an Lohne zurückdenken müssen und mich gefragt, wieviel Lebenszeit dort verlorengeht, weil wichtige Anlaufstationen derart verstreut und versteckt liegen.

Schon auf dem Weg nach Lohne, am zweiten Tag meiner Reise, war mir viel Zeit mit Suchen draufgegangen: Ich hatte von einem Schafstall nahe Wildeshausen[15] gehört, in dem Napoleon auf einem seiner Feldzüge übernachtet haben soll. Der Garmin Routenfinder half hier nicht weiter, und mehr als ein einziges Hinweisschild in sicherer Entfernung zum Objekt schien man nicht aufstellen zu wollen. Mehrmals fuhr und ging ich an besagtem Schafstall knapp vorbei. Erst als ich aufgegeben hatte, entdeckte ich ihn zufällig: Direkt daneben hatte der Heimatverein wieder ein Schild gestellt.[16]

Undenkbar, daß ich in Osaka oder sonstwo in Japan so lange nach der einzigen Attraktion weit und breit hätte suchen müssen! Überall auf dem Fußboden verschiedenfarbige Pfeile, auf denen man einfach so lange weitergehen muß, bis man am Ziel ist. Überall Hinweistafeln und kleine Comicfiguren, in deren Sprechblasen Informationen stehen. Dazu gibt es an jeder U-Bahnstation kostenlose Area Maps zum Mitnehmen und in den Straßen uniformierte Rentner oder Tagelöhner, die als Einweiser, Aufpasser, Herbeiwinker oder einfach als Herumsteher fungieren und die man gegebenenfalls fragen könnte.

Im vergleichsweise dünn besiedelten Oldenburger Land wäre ein derartiger Aufwand grotesk. Als wäre das nicht längst genug, kommt in Osaka aber auch noch eine ständige Beschallung dazu, die weitere Hinweise gibt, vorzugsweise von sanften Mädchenstimmen gesprochen und, aber ja, durchaus auch mal gehaucht:

»Entschuldigung, ich bin der Lieferwagen. Achtung, jetzt biege ich links ab …«

»Hallo, ich bin die U-Bahnstation Abiko. Treppab geht es hier zum Bahnsteig Richtung Innenstadt …«

»Guten Tag, ich bin der Aufzug. Entschuldigen Sie bitte, daß ich Sie habe warten lassen …«

»Moinsen, ich bin der Schafstall. Toll, daß Sie mich gefunden haben. Und was die Legende betrifft, Napoleon hätte hier übernachtet …«

Derlei Dauerbeschallung ist natürlich in erster Linie Service für Blinde. Aber doch auch für alle anderen, die behutsam auf den vorgegebenen Spuren durch den Alltag geleitet werden. Sogar die Rolltreppen heben mitunter das Reden an; der Polizeiwagen rast vorbei, indem er über Außenlautsprecher erzählt, daß er – in wichtiger Mission unterwegs ist, nehme ich an; der Wagen der Müllabfuhr hat eine ununterbrochen laufende Erkennungsmelodie, die man schon von ferne hört, auf daß auch wirklich jeder rechtzeitig seinen Abfallsack vor die Tür bringt.[17] Falls ein älterer Lkw beim Rückwärtsfahren nicht piepen kann, so tut dies der nebenher laufende Beifahrer, sozusagen Arbeitskaraoke. Auch jede U-Bahnlinie hat eine eigene Fanfare, die ihre Einfahrt am Bahnsteig ankündigt. Und wenn zwischen den Ansagen mal wirklich nichts mitzuteilen ist, zwitschern Vögel vom Band.[18]

Ein dicht gewebter Klangteppich liegt auf der Stadt, als Teil ihrer Infrastruktur. Auch die Menschen reden doppelt und dreimal so viel wie die im Oldenburger Land, und das ist noch untertrieben. Ständig entschuldigen sie sich für ihre bloße Anwesenheit, bedanken sich fünffach, bestätigen jede kleinste Zwischeninformation mit eifrigem »Hai! Hai!«, wo der Oldenburger erst mal schweigend abwarten und zuhören würde. Nach einem Schafstall hätte ich in Japan nicht lange suchen müssen. Aber ich wäre auch nicht lange allein geblieben auf meinen Wegen, nirgendwo im öffentlichen Raum wäre ich allein geblieben, und zur Ruhe gekommen wäre ich trotz Digitalgezwitscher ebensowenig. Welch eine großartige Stille im

Oldenburger Land herrscht, dies zu begreifen, mußte ich erst ans Ende der Welt fahren. Schweigende Moore, schweigende Wälder, ausgestorbene Innenstädte. Gut, manchmal ist man ein bißchen verzweifelt, wenn man keinen nach dem Weg fragen kann, weil einfach keiner da ist und wenn doch, weil er mit seinen übergestülpten Kopfhörern deutlich zu erkennen gibt, daß er nicht angesprochen werden will. Aber phasenweise verzweifelt und den Rest der Zeit beschwingt, so läßt's sich spazierengehen, wandern, laufen, ob im Pestruper Gräberfeld, auf den Deichen im Wangerland oder in den Dünen von Wangerooge.

Auf den Hauptwanderwegen rund um Osaka herrscht am Wochenende derartiger Betrieb, daß man permanent grüßen muß – keine Übertreibung! Paßt man sich dem Tempo der Wanderströme an, kommt man perfekt voran. Das gilt selbstverständlich auch in der Stadt selbst, am allermeisten zur sogenannten Rushhour. Wenn die Fußgängerampel auf Grün umspringt, fühlt der Fremde das Blut in den Kopf schießen, weil er fürchtet, von der entschlossen entgegenkommenden Masse einfach überrannt zu werden. Lebt man lang genug in dieser Stadt, hat man verinnerlicht, daß man selbst im dichtesten Gedränge niemals angerempelt, ja nicht einmal berührt wird: Alle blicken angestrengt aneinander vorbei, das schreibt die Etikette so vor, aber sie nehmen einander genau wahr.

Im Oldenburger Land blickt mich jeder, dem ich begegne, direkt an, aber er nimmt mich dabei nicht wahr. Hier muß man nicht tagtäglich um seinen Platz im öffentlichen Raum kämpfen; solange man keinen konkret stört, ist man in gewisser Weise gar nicht da. Wie lässig wir in Deutschland, jeder für sich, so vor uns hinleben, wer weiß, ob ein Japaner das überhaupt genießen könnte. Unser Individualismus ist eine Kulturleistung, die der japanischen entgegensetzt ist und mit ganz anderen, ebenso reichhaltigen Geschenken im Alltag einhergeht: Jeder läßt jeden einfach machen und geht seiner Wege. So bin ich, abgesehen von einem wunderbaren Lauf mit dem Oldenburger Team Laufrausch, bei dem ich sogar mit ein paar »Loslaufgedichten« beschenkt werde,[19] acht Tage lang vor allem einsam: beim

Wandern, beim Befahren verbotener Wege, beim Falschparken, aber auch im Museum und in der Kneipe, am allereinsamsten in Delmenhorst, und das, obwohl an diesem Abend Deutschland gegen Irland spielt. In Osaka kann man gar nicht erst Falschparken, selbst auf dem Privatparkplatz des Supermarkts klappen sogleich Wegfahrsperren hoch, und am Tresen einer Kneipe sitzen und einsam bleiben kann man erst recht nicht. Nach einer Woche hat man dort so viele Visitenkarten gesammelt wie im Oldenburger Land wohl nicht in einem ganzen Leben.

Eben das ist der große Unterschied zwischen der japanischen und der deutschen Kultur: Die japanische baut auf einem engmaschigen System an Regeln auf, und der einzelne genießt es, regelkonform in der Geborgenheit der Gemeinschaft zu leben. Wir hingegen fühlen uns am großartigsten, wenn wir Regeln mißachten, zumindest elegant umgehen oder kreativ neu interpretieren; unser Begriff von Toleranz ist derart überstrapaziert, daß er zum Synonym von Gleichgültigkeit geworden ist. »Kein Problem!« ist die Standardantwort des Deutschen, wenn er sich als Weltbürger präsentieren möchte. Zumindest ist er damit mehr Weltbürger als ein Japaner, der immer und vor allem anderen ein vorbildlicher Japaner sein will – beziehungsweise muß. Und sich damit selbst in einer Megacity wie Osaka »provinzieller« verhält als der letzte Deichgraf aus Butjadingen.

Möglicherweise ist es für die Stabilisierung einer Gesellschaft besser, ihre »provinziellen«, also regional gültigen Rahmenbedingungen aufrechtzuerhalten, als sich dem Strom der Globalisierung bis in die Floskeln und Gesten hinzugeben? Fest steht: Wenn ich mich auf einer Reise durch die Kansai-Region so verhalten hätte wie auf der durchs Oldenburger Land, ich wäre vor lauter Zurechtweisungen und Strafzetteln meines Lebens nicht froh geworden. Perfekte Ordnung hat ihren Preis, man ist immer leicht gestreßt. Am allermeisten freilich die Einheimischen selbst. Andrerseits halten sich in Japan selbst Züge an die Regeln: Alle fahren sie pünktlich, wo auch immer, wann auch immer. Anfangs kann man es als Deutscher nicht glauben, irgendwann stellt man die Uhr danach.

Ist Regelkonformität (einschließlich des produktiven Regel-
bruchs) ein Kennzeichen der Moderne, Laxheit hingegen der
Postmoderne, für die Regeln allenfalls noch Spielregeln sind?
Dann läge das Oldenburger Land, historisch gesehen, deutlich
vor Osaka. Ganz gewiß vorn liegt es in einem kleinen Dorf
südlich von – ausgerechnet Lohne: In Mühlen ist der Sitz der
Firmengruppe Paul Schockemöhle, und obwohl ich ohne Vor-
anmeldung in die Stallungen seiner weltberühmten (Turnier-)
Pferdezucht gar nicht erst hineinkomme, ist schnell klar, daß
hier ein Global Player agiert. Schon Schockemöhle Reitsport,
ein Fachgeschäft für Dressur-, Spring- und Hobbyreiter, zeigt
auf dezent unmißverständliche Weise, daß ich an einem Hot-
spot ganz eigener Art bin. Tumber Tor aus der profanen Welt,
tapse ich durch einen Kosmos aus Zaumzeug, Sätteln und Lon-
gierpeitschen, während um mich herum Verkäufer mit Kunden
von sonstwo telephonieren und ins Lager eilen, um nach einem
ganz bestimmten Springstock zu suchen oder einem gewissen
Steigbügel. Zu meiner Überraschung entdecke ich Nahrungs-
ergänzungsmittel und Funktionswäsche für Pferde, wie ich sie
vom Laufsport kenne. Für die Reiter liegen CEP-Kompres-
sionssocken bereit – während sie mir nach dem Laufen eine
schnellere Regeneration versprechen, fungieren sie hier als
»Reitsocke« und »sorgen für ein schlankes Bein im Stiefel«.[20]
Nein, selbst der entlegenste Winkel des Oldenburger Landes
ist nicht zwangsläufig ein Rückzugsort für Verlierer der Globalisierung, die das Tempo der Metropolen nicht mithalten
können. Globalisierung funktioniert nicht nur als weltweite
Verhunzung von Straßenzügen mit den Filialen der immer-
gleichen Hamburger-, Cappuccino- und Billigkleidungsketten;
und sie bedarf auch nicht unbedingt einer Megacity als Biotop,
um sich im weltweiten Wettrennen Richtung Zukunft prächtig
zu entwickeln. Mit dem Regionalismus einer Provinz – der ja
noch längst kein Provinzialismus ist – geht sie mitunter bestens
Hand in Hand. Und Paul Schockemöhles Imperium steht im
Oldenburger Münsterland nicht allein; zahlreiche Gestüte und
Großbauern betreiben hier sehr erfolgreich Pferde- wie Schwei-

nezucht: die Pferdezucht gewissermaßen handverlesen, indem gewisse Wunderstuten ständig »gespült« und ihre künstlich befruchteten Eier einer minderwertigen Stute als »Leihmutter« eingepflanzt werden. Die Schweinezucht hingegen als Massentierhaltung: Alle Sauen werden künstlich am selben Tag rauschig gemacht und befruchtet; so werden auch alle Ferkel zum gleichen Zeitpunkt geworfen und, ein paar Monate später, am selben Tag reif zum Weiterverkauf: Sogar der Abtransport kann dann am selben Tag stattfinden und der Lastwagen immer komplett vollgeladen werden.

Was wie eine Museumslandschaft aussieht, ist die schöne Schauseite eines perfekt durchgetakteten Turbo-Kapitalismus. Und auch die Industrie rund um Vechta, wie sie versteckt zwischen Feldern und Gehöften betrieben wird, behauptet sich mit ihren Produkten in dieser oder jener Nische des Weltmarkts. Das alles findet so diskret und fast unsichtbar statt, daß man es als (Durch-)Reisender gar nicht bemerken würde, wenn man nicht vom Nebenerwerbslandwirt Göttke-Krogmann, der aus der Art schlägt und draufloserzählt, mit der Nase draufgestoßen und dann auch noch mit einer Kiste Äpfel beschenkt würde (»damit es im Auto immer gut riecht«). Stimmt! notiert man bei nächster Gelegenheit: Auch die Felder sind hier riesig und die Traktoren groß wie Panzer; wenn sie über die Landstraßen donnern, nehmen sie die gesamte Straßenbreite ein.

In der Kansai-Region dagegen ist kaum Platz für ein kleines Feld, immer mal wieder findet sich eines mitten zwischen den Hochhäusern: In schrebergartenhaften Parzellen bauen die Anwohner Gemüse an, mit nackten Händen wühlen sie in der Erde – vielleicht ist das die Kehrseite von Osakas Urbanität.[21] Und es ändert sich nur unwesentlich, wenn man zu den Bauern im Umland hinausfährt, auch hier ist noch vieles harte Feldarbeit.[22] Wo man rund um Oldenburg den Turbo angeworfen hat, muten die landwirtschaftlichen Methoden der Kansai-Region fast vormodern und, jawohl, provinziell an.

Globalisierung funktioniert im Oldenburger Land aber auch auf pittoreske Weise: In alten Fachwerkhäusern findet man vielerorts noch traditionell anmutende Gasthöfe, auf dem Balken über der Tür liest man zum Beispiel: »För lewe Gäst un goode Tied sünd all Dag meine Düren wiet«, darüber dann aber als Name des Lokals: Alessandro.[23] Die wenigen Wirtschaften, die noch »deutsche Küche« anbieten, werden überraschend oft von polnischen Wirten betrieben. Der Rest sind Kebabhäuser und Asia-Imbisse, selbst in den allerkleinsten Dörfern. Wohingegen die Weltküche in Osaka? Weit weniger präsent ist, man pflegt hier vorzugsweise die Vielfalt der einheimische Küche. Nennenswert vertreten sind allenfalls chinesische und koreanische Lokale; und die wenigen deutschen Restaurants, um ein Beispiel zu nennen, werden meist von japanischen Wirten betrieben,[24] die deutschen Konditoreien von japanischen Konditoren. Sogar im Imbiß Mission possible, der internationale Schnellgerichte anbietet, stehen die üblichen japanischen Köche am Herd. Hinter der Fassade der Vielfalt ist die Gesellschaft nach wie vor (weitgehend) homogen. Offensichtlich kann man Globalisierung auch ziemlich perfekt simulieren, indem man selber in sämtliche Rollen schlüpft, die überall sonst auf der Welt in multiethnischer Originalbesetzung gegeben werden.

Selbst wenn man in Kobe Oktoberfest feiert oder in Osaka den deutschen Weihnachtsmarkt am Fuß eines der höchsten Wolkenkratzer der Stadt aufbaut, sind nur die Requisiten deutsch, abgesehen natürlich vom Bier.[25] Auch im Oldenburger Land wird allüberall Oktoberfest gefeiert (»Wiesn-Outfit wird belohnt!«);[26] und in Abbehausen steht ein 60m hoher Maibaum, am Fuß so korrekt blauweiß grautet und dann blauweiß gen Spitze geringelt, daß er auch in Bayern als »authentisch« durchgehen würde. Auf den Querstreben sind hier freilich anstelle der Bildtafeln mit Ortsmotiven 32 Werbeschilder der örtlichen Geschäfte aufgestellt, unter anderem von McDonald's und Köpi. Obendrein kommt der Baum aus dem Schwarzwald, wie man auf einem Schild daneben lesen kann, er tut also nur bayerisch, und das in der Wesermarsch. Auch die einstigen Ikonen des Regionalismus wurden längst globalisiert; der Baum in Abbehausen ist obendrein ein Ganzjahresmaibaum, im Grunde ein multifunktionaler Dummy, der im Herbst vielleicht als Oktoberfestbaum fungiert. Wo man in Osaka die multikulturelle Vielfalt der Speisen importiert ohne die dazugehörigen Menschen, importiert man im Oldenburger Land Ikonen ländlichen Brauchtums ohne das dazugehörige Brauchtum – in beiden Fällen läuft Globalisierung aufs Gleiche hinaus, auf Reduktion zum Klischee.[27]

Bot das Konzert von Adjiri Odametey, das ich in Westerstedes Güterschuppen erlebte, etwa auch nur ein Klischee von Weltmusik? Der Sänger aus Ghana trat mit zwei Percussionisten auf, und ich fand ihn großartig. Aber authentisch? Ist Weltmusik per se vielleicht ein Resultat der Globalisierung, also auch nichts weiter als ein musikalischer Ganzjahresmaibaum? Und wenn schon! Das einzige Konzert, das ich in Osaka erlebte, war das Gegenteil von Weltmusik und gewiß authentisch. Großartig war es ganz und gar nicht. In der versteckt gelegenen Bar Kitty am südlichen Stadtrand trat zunächst ein Mädchen auf, das eine halbe Stunde lang Töne aus einem Mischpult herausholte, es klang wie an- und abschwellende Flugzeugmotoren. Danach kamen zwei Jungs, die einfach nur Krach machen wollten, der eine mit Didgeridoo, der andre mit einer selbstgebastelten Tröte aus Konservendosen, in die er hineinschrie. Zwischendurch lief er zwischen diversen Mischpulten herum und drückte Knöpfchen. Alles bewußt übersteuert und durchdringend, die Musikrichtung, um die es an diesem Abend ging, war New Noise, der allerneueste Schrei. Am Tresen konnte man CDs dazu kaufen. Diese Runde ging eindeutig ans Oldenburger Land.

Und auch in der bildenden Kunst liegt die angebliche Provinz vor der Millionenmetropole. Dabei ziele ich hier gar nicht mal auf unstrittige Meisterwerke wie die zauberhaft ausgemalte St. Johannes-Kirche in Bad Zwischenahn, die mit der Bilderpracht bayerischer Barockkirchen locker mithalten kann. Im Gegenteil, ich ziele auf zeitgenössische Kunst, wie sie uns in Deutschland gern im öffentlichen Raum begleitet: Vom 3m hohen Granit-Phallus mitten auf dem Badestrand von Dangast, der sogar im Ortsplan als Attraktion eingezeichnet ist (»Der

Phallus«),[28] über den kurios mißratenen »Hörstuhl« von Eckwarderhörne (mit wabernder Musik und pathetisch vorgetra-
genem Text)[29] bis hin zum absurdesten Stadtbrunnen, den ich
je sah, nämlich den von (ausgerechnet schon wieder) Lohne[30] –
überall stieß ich auch im Oldenburger Land auf Kunst. In der
menschenleeren Städtischen Galerie Delmenhorst sogar ganz
massiv, die Ausstellung widmete sich verrosteten Stahlträgern,
die mit Nutella- und Penatencremebatzen verziert waren, aber
auch Bildcollagen aus abgeschnittenen Fußnägeln oder »Ösen,
die am Rande dösen«.[31] Mag derlei noch unter Avantgarde fallen oder schon unter Aprèsgarde; das entgegengesetzte Extrem
stellt in jedem Fall das naturalistische Reiterstandbild des Grafen Anton Günther dar,[32] des »Ahnherrn« der Oldenburger:
2012 wurde die Bronzeskulptur probeweise vor dem Schloß
aufgestellt; nach langem Hin und Her landete sie im Sommer
2015 in der Rabatte vor einer Autowaschstraße.
Kaum bin ich aus dem Auto gestiegen, letzter Halt vor Ende
meiner Rundreise, steht auch schon Christian Boes vor mir,
Kfz-Händler und Inhaber der Autowaschstraße: »Ah, von
der Presse, was?« Er erzählt, das Denkmal habe einen Wert
von 100.000 Euro, so was könne man doch nicht einfach in
irgendeiner Lagerhalle verstauben lassen, obendrein koste das
150 Euro pro Monat. Da habe er lieber 9000 Euro investiert und
dort, wo früher sein Angebot der Woche stand, ein Fundament
gießen und den Grafen hinstellen lassen. Daneben hat er eine
Wildsau und einen knienden Hirsch platziert, ebenfalls Bronze,
dazu eine riesige gußeiserne Bank. Eingefaßt ist das Standbild
von vier verrosteten Säulen mit Pferdekopf, Boes erzählt, daß
er sie bei eBay entdeckte und für das Denkmal wie geschaffen
fand. Weil die Eisenkette, die er von Säule zu Säule spannen
wollte, aber noch neu war, hat er sie im Schnellverfahren künstlich rosten lassen, nun paßt sie zwar nicht zum Standbild, aber
zu den Säulen, und übrigens habe auch das Geld gekostet.
Nein, sagt Boes noch schnell, ehe er zu einem Kunden muß:
Eine Werbemaßnahme sei das nicht gewesen. Sondern ein
Freundschaftsdienst am inzwischen verstorbenen Hauptspon-

sor des Werkes; ästhetisch könne man über das Werk gern streiten. Das hat man in Oldenburg bereits ein paar Jahre lang getan. Auch heute noch mag man das Standbild für provinziell halten; daß es auf Umwegen doch noch seinen Platz gefunden hat und mit ihm zahlreiche weitere Werke irgendwo verstreut im Oldenburger Land, über die man streiten kann, das ist das Gegenteil von provinziell.

Aber was genau wäre eigentlich das Gegenteil, wenn es nicht mal eine Megacity wie Osaka ist? Wo Kunst im öffentlichen Raum einfach gar nicht stattfindet?[33] Um es ganz klar zu sagen: Ich liebe Osaka, auch wenn es in mancherlei Hinsicht provinzieller ist als das Oldenburger Land. Vielleicht liebe ich ja gerade das Provinzielle daran, als Teil des Megalomanen, das fernöstliche Metropolen generell so faszinierend macht. Die Provinz ist das Wesen des Deutschen, hier läuft er zur Höchstform auf, er wird sie überall auf der Welt erkennen und ein Stück Heimat in ihr finden.

Aber auch meine Liebe zum Oldenburger Land habe ich jetzt entdeckt, selbst wenn es in mancherlei Hinsicht irritierend unprovinziell ist und beim Geschäft der Globalisierung auf unauffällige Weise kräftig mitmischt. »Die Ferne ist näher als du glaubst« habe ich an einer Hauswand in Delmenhorst gelesen. Jetzt denke ich übers Oldenburger Land: Die Nähe ist ferner als du glaubst. Provinz, wie man sie noch bis zur Jahrtausendwende kannte, gibt es anscheinend in Reinform gar nicht mehr. Sie ist nur auf andere Weise globalisiert als die Metropolen, und man muß doppelt so genau hinblicken wie dort, um es zu erkennen. Nein, erschrickt man dann begeistert, auch so sieht Globalisierung aus! Eigentlich beruhigend. Als Bürger des 21. Jahrhunderts wechseln wir ständig zwischen diesen beiden Extremen, wo auch immer wir sind oder wohnen, und das nicht selten mehrmals täglich. Selbst im Oldenburger Land, wir können gar nicht mehr anders, sind wir Weltbürger.

Und wenn dazu auf den Landstraßen noch geboßelt wird und dieser gewaltige Himmel darübersteht als die eigentliche Landschaft des Nordens, wenn ein großes Stück selbstgebackner Kirschstreuselkuchen samt Blick aufs Watt nur einen Euro fünfzig kostet und dazu, laut schnatternd, ein Schwarm Wildgänse in Keilform übern Himmel zieht, dann wird schnell ein kleines Glück daraus. 712 km bin ich in diesen acht Tagen gefahren, 80 km gerannt, unzählige Kilometer gewandert oder spaziert. Und gerade weil ich sämtliche Eventscheunen und Ritterturniere gemieden und stattdessen nach Bratkartoffeln, Big Bonsais[34] und gereimten Versen für Jubilare in der Tagespresse Ausschau gehalten habe,[35] war vielleicht auch ich auf einer Art Seelenpfad unterwegs. Jetzt schließe ich die Augen und halte einen Moment inne.

Nachschrift: Am Tag meiner Heimkehr aus Osaka entschieden sich die Hamburger Bürger gegen die Bewerbung um Olympia 2024. Nun weiß man, wo die Provinz in Deutschland am tiefsten ist: Dort, wo man sich Weltstadt dünkt und Visionen lieber anderen überläßt.

Anmerkungen

1 Titel einer umfangreichen Image- und Infobroschüre, »herausgegeben in Zusammenarbeit mit der Stadt Lohne«, anCos Verlag 2012.

2 Titel eines Heftchens über Sehenswürdigkeiten und Freizeitangebote in und um Berne, Gestaltung: TopRegio-Werbung, Berne o.J.

3 Die »Boxenstopp-Route« führt durchs Oldenburger Münsterland; die gleichnamige Broschur präsentiert, neben der entsprechenden Landkarte, 80 Seiten an Stop(p)s für Radwanderer, herausgegeben von der Landwirtschaftskammer Niedersachsen und dem Verbund Oldenburger Münsterland e.V., o.O. 2014.

4 Faltblatt »Wangerland Nordsee. Die Highlights 2015«, zusammengestellt von der Wangerland Touristik GmbH, Horumersiel.

5 Aus der über hundertseitigen Broschüre »Parklandschaft Ammerland. Eine Symphonie in Grün«, herausgegeben von »Landkreis Ammerland, Ammerland-Tourist-Information«, Westerstede o.J.

6 Leporello für den »Comedy-Marathon«, der am 12.11.2015 in Cloppenburg stattfinden sollte: »Liebe Freunde der komischen Nacht, endlich ist es wieder soweit …«

7 Zitate auch im folgenden aus diesem Faltblatt, herausgegeben von der Kurverwaltung Wangerooge, Wangerooge 2015.

8 Von Patricia Schultz; New York: Workman Publishing Company 2003, 2. ergänzte Auflage 2011.– Kyoto kommt in ihrer »Traveler's Life List« natürlich vor.

9 Am 5.10.2015 sorgte es für sonniges Wetter, dann dominierte Tief Rolf, vom 10. bis 12.10. setzte sich wieder Oldenburgia durch. Weitere Informationen dazu auf der Website der Stadt Oldenburg: http://www.oldenburg.de/de/startseite/stadtportrait/staedtische-patenschaften/hochdruckgebiet-oldenburgia.html

10 Im Stadtzentrum von Osaka (Bezirk Umeda) führt eine Autobahntrasse sogar mitten durch eines der Hochhäuser hindurch; der Autobahnbetreiber hat die beiden Stockwerke, die er für den Durchbruch benötigte, auf Dauer angemietet.

11 Nämlich genau dort, wo man nach Ankunft mit der Fähre auf die Abfahrt der Inselbahn warten muß. Die winzige Strecke gehört zum Netz der Deutschen Bahn.

12 In Berne; ich bin mir sicher, daß sich irgendwo auch noch der einst notorische Schluckspecht findet.

13 In der ganzen Wesermarsch habe ich immer wieder Plakate gesehen, auf denen der Ankauf von Altgold aller Art versprochen wurde, explizit auch von Zahngold. Wie verzweifelt müssen Hartz-IV-Emp-

fänger sein, daß man sie öffentlich zur Leichenschändung auffordern kann? Dieselben deprimierenden Schilder findet man z. B. auch entlang der ehemaligen deutsch-deutschen Grenze.

14 So habe ich es von einer Japanreise in Erinnerung, die schon Jahre zurückliegt; möglicherweise ist es, wie der Automatenverkauf von Bier, mittlerweile verboten.

15 Genau genommen: nördlich des Dorfes Varnhorn. Während meiner Suche tauchten hier immer wieder solch schmucke Bauernhöfe in realitas auf, wie ich sie im Museumsdorf Cloppenburg kennengelernt hatte, drum herum liebevoll zurechtgestutzte Gärten mit englischem Rasen. Nur das zentrale Stück der Ausstellung hielt sich geschickt verborgen.

16 Der Stall wurde demnach 1811 errichtet. Die Sockelmauer ist aus Findlingen, das Reetdach reicht fast bis zum Erdboden, im Innenraum ist … nichts.

17 In Osaka gibt es keine Mülltonnen. Und bereits am Vorabend den Müllsack auf die Straße legen, das tut man einfach nicht.

18 An den Stationen von Japan Railways.

19 Geschrieben von Rainer Wilke; das Team Laufrausch Oldenburg e. V. wurde von Arnold Frerichs (dem Inhaber des Laufrausch-Ladens) initiiert.

20 Werbepoesie auf der Packung der »CEP Riding Socks«.

21 Und mit »Urban Gardening«, wie es andernorts in Mode gekommen ist, sollte man diese Art der Selbstversorgung nicht verwechseln.

22 Und was die Viehzucht betrifft: Im benachbarten Kobe werden die berühmten Kobe-Rinder nicht mal mit Antibiotika oder künstlichen Wachstumshormonen gefüttert. Mit Sake einmassiert werden sie freilich auch nicht, selbst wenn sich die Legende davon hartnäckig hält (Berthold Kohler: Zu Besuch bei einem sagenhaften Tier. http://www. faz.net/aktuell/gesellschaft/das-kobe-rind-zu-besuch-bei-einem-sagenhaften-tier-1813178.html, 29.6.2009).

23 In Westerstede.

24 Eigentlich kaum überraschend, daß das Radeberger Bier dann auch mal – im Tokioter »Café Neues« – überraschend deutlich nach (japanischem) Suntory Malt's schmeckt.

25 Ein zunehmender Anteil der Betreiber kommt »immerhin« aus Osteuropa.

26 Auf dem entsprechenden Plakat in Delmenhorst.

27 In Osaka gab es bis vor kurzem ein Lokal namens »Hamburg«, drinnen dann Schneider-Weißbier und blauweiß gerautete Fahnen. Wo immer man in Japan auf etwas Deutsches stößt, kann man darauf wetten, daß es auf etwas Bayerisches hinauslaufen wird.

28 Granitplastik von Eckart Grenzer, 1984 als »Grenzstein« an der Hochwassergrenze errichtet.

29 Gestaltet von Bärbel Deharde und Ute Extra, die ab 2008 noch drei weitere Hörstühle und zahlreiche »Akustische Skulpturen« in Butjadingen und am Jadebusen aufgestellt haben.

30 »Egolohne 88« von Jürgen Goertz, 1988: »Bronze, verschiedenfarbig patiniert, teilweise mit Acrylfarbe bemalt, eingesetzte Augen aus Kunststoff.« (Prospekt der Stadt Lohne).

31 Das komplette Museum war im Oktober 2015 Thomas Rentmeister gewidmet und seinem Werkzyklus »Hostal«.

32 Geschaffen vom Dresdner Künstler Walter Hilpert.

33 Ebensowenig wie das Gedenken der Kriegsopfer und -gefallenen durch Kriegsgräber, Mahnmale oder auch Bombentrichter, wie ich sie zahlreich im Oldenburger Land und am eindrucksvollsten auf Wangerooge gesehen habe. In Osaka fehlen sie deshalb, weil der Kriegstoten landesweit in zentralen Gedenkstätten gedacht wird, vornehmlich im umstrittenen Tokioter Yasakuni-Schrein samt angrenzendem Kriegsmuseum. Was im öffentlichen Raum fehlt, so die deutsche Auffassung, fehlt auch meist im öffentlichen Gespräch.

34 Die XL-Variante beschnittener Eiben als Teil der Ammerländer Gartenpracht: Einheimische erzählen, daß an Sommerwochenenden die »Blaumänner-Fraktion« mit Leitern und Aufsitz-Rasenmähern in die Gärten dränge und »alles auf Kante und Hochglanz« drille; das Ergebnis wird prämiert.

35 »80 Jahre sind es wert, daß man Dich besonders ehrt ...«, Nordwest Zeitung 5/10/15.

Marion Poschmann

Das Fade-Orte-Projekt (Oldenburger Land)

PROLOG

Man hat mich zu dieser Reise eingeladen, weil ich Spezialistin für fade Orte bin. Je unauffälliger eine Gegend ist, desto mehr kann ich ihr abgewinnen, denn bei der Landschaftsbetrachtung ist entscheidend, daß nicht zu viele Reize auf einmal vorhanden sind. Möglichst keine schrillen Farben, möglichst keine auffälligen Gebäude, möglichst nichts, was nur vom Wesentlichen ablenkt.

Offenbar bestand die Meinung, ich sei schon im Ansatz besonders befähigt, das Oldenburger Land in allen seinen Aspekten zu würdigen.

Hier ist absolut nichts los, schmeichelte man mir, es ist total abgelegen, plattes Land, keine störenden Hügel, nichts versperrt die Sicht auf nasse Wiesen, auf Sumpf und Morast. Gelegentlich, räumte man ein, wiege sich ein einsames Schilfrohr im Wind.

Vom Oldenburger Land hatte ich im Grunde bis dahin noch nie etwas gehört. Für mein Fade-Orte-Projekt, das ich seit einigen Jahren verfolge, erschien es mir schon allein deshalb sehr vielversprechend, also sagte ich sofort zu.

Der Begriff des Faden ist der ostasiatischen Kunsttheorie entnommen, und entgegen dem ersten Gedanken, der einem hierzulande kommen mag, wenn man vom Faden reden hört, geht es keineswegs darum, sich möglichst stark zu langweilen, sondern im Gegenteil um eine Verfeinerung der Wahrnehmung, es geht darum, sich in das Wesen der Dinge zu versenken und sich anhand eines, sagen wir, einzelnen Halms, seiner Plötzlichkeit und Einzigartigkeit, die Schönheit der ganzen Welt zu erschließen. Wenn bei dieser Betrachtung nicht allzuviel ablenkt, ist das um so besser. Der Meister kontempliert ein ödes Feld und unterscheidet blitzartig Sein und Schein. Er kann auch eine Blüte bewundern, aber eine verdorrte Grassode ist letztlich besser. In der Ästhetik des Fernen Ostens ist das Fade positiv besetzt, es ist mit Gleichmaß, Gleichmut und Harmonie verbunden, es ist ein Gemütszustand, der alle Extreme vermeidet und darum dazu befähigt, die Welt, die Wirklichkeit und ihren metaphysischen Grund zu erkennen.

Daß das Oldenburger Land für einen solchen fernöstlichen Blick besonders geeignet ist, daß es sich unter den vielfältigen Regionen Deutschlands für das Projekt, sich in die Fadheit zu vertiefen, geradezu anbietet, zeigte sich mir schon, bevor ich überhaupt angekommen war. Gibt es eine Gegend, die noch mehr Bezüge zur klassischen Kultur Ostasiens aufweist? Allein schon das Wort »Jadebusen«. Ein Außenstehender denkt dabei kaum an den Fluß Jade, vielmehr denkt er an Jadefiguren, an grünschimmernde Rundungen eines Gefäßes, an eine wertvolle chinesische Steinschnitzarbeit mit charakteristischer Wölbung, an Pracht. Umfangreiche Rhododendronzucht – Pflanzen, ursprünglich aus Asien. Big Bonsai – dito. Teehandel – seit Jahrhunderten direkte Schiffsverbindungen in den fernen Osten.

Wie schlägt sich das also nieder in diesem Landstrich, gibt es eine verfeinerte Kultur durch jahrhundertelanges Teetrinken, wird sich eine Fadheit auftun, die Intelligenz, Sensibilität, Erkenntnis fördert? Werde ich mich persönlich und künstlerisch weiterentwickeln durch den Aufenthalt im Oldenburger Land? In der Reiseliteratur Asiens herrscht die Ansicht, daß jeder Reise, sei sie auch kurz, dauere sie auch nur sieben Tage, die Ernsthaftigkeit einer Lebensreise zugemessen werden kann, denn man kommt nicht als derselbe zurück. Jeder Eindruck verändert den Menschen, zum Guten oder zum Schlechten, jeder Eindruck ist unwiederholbar, wie die verstreichende Zeit. Um solcherlei flüchtige Eindrücke einzufangen, wurde eine spezifische literarische Form entwickelt, die auf Japanisch Haibun heißt. Es handelt sich dabei um eine Reisebeschreibung in Prosa, die kombiniert wird mit Haikus, kurzen Gedichten, geeignet, Stimmungen zu erfassen, Momentaufnahmen zu machen, das Bleibende einer Örtlichkeit und die Einmaligkeit einer Begegnung gleichermaßen auszudrücken.

Eins der bekanntesten Reisebücher der Weltliteratur ist Bashōs *Auf schmalen Pfaden durchs Hinterland*. Bashō reiste in den wilden, unwegsamen Norden Japans, schrieb Gedichte und führte ein Tagebuch über die Orte, die er besucht hatte. Dieses Buch ist berühmt für seine Unmittelbarkeit, für seine Sensibilität und seinen Weitblick, es ist berühmt, weil es die Eigenheiten der Orte genau erfaßt und zugleich hinausgeht über die bloße Beschreibung der materiellen Gegebenheiten. Ich werde also, so war mein Plan, wie Bashō in den wilden Norden meines Landes reisen. Schmale Pfade, Radwege, Hinterland, stürmische Nordsee, alles ist stimmig. Ich verfasse ein Reisetagebuch, und wenn sich ein Gedicht einstellt, werde ich es einbeziehen. Vor allem aber, dachte ich, setze ich mich auf die Spur des Faden.

Lohne ist vollkommen leer. Wir kommen am Sonntagmittag an, kein Mensch auf den Straßen, kein Verkehr, vielmehr eine allesdurchdringende Ruhe, die die Besucher aus der Großstadt zunächst nervös macht. Der Weg zum Hotel, in dem wir das Gepäck lassen wollen, ist kurz, aber die seltsame Stille nimmt nur noch zu. Eine Art Gewerbegebiet, eine Taxizentrale mit Dutzenden schwarzer Taxen, die wie auf einem Autofriedhof unbewegt dastehen. Eine riesige offene Halle für Busse, darin ein Kleinbus. Autowaschanlage. Container. Weite Plätze, breite Straßen, nichts regt sich. Im Hotel ist schon hinter hohen Scheiben für das Frühstück gedeckt. Niemand ist zu sehen, niemand öffnet, niemand ist da. Auf einem Zettel, der am Eingang klebt, ist eine Telefonnummer notiert, die man anrufen soll, wenn die Rezeption nicht besetzt ist. Aber kann man das wagen, sonntags, in der Mittagszeit? Ein schweigender Rasen umgibt das Gebäude, ein ins Unendliche reichender Parkplatz, ausgeschlossen, jemanden jetzt hier zu stören. Also erst in den Ort. Die Fußgängerzone präsentiert sich als Baustilmix. Verblendklinker auf Bungalows, barocke Ornamente auf Gründerzeitfassaden, gewölbte Kupferdächer und Stahlbalkone. Die Fleischerinnung zeigt an einer Hauswand zwei Symboltiere, den Ochsenkopf mit zwei gekreuzten Beilen und das christliche Opferlamm mit seiner wehenden Fahne, und erinnert damit daran, daß wir uns hier in einer Region befinden, die die Tierzucht als eine bedeutende Einnahmequelle pflegt. Flatternde Fahnen um den Spielplatz, flatternde Stoffbahnen der Liegestühle, die um den Sandkasten herum so aufgestellt sind, daß man sich am Strand wähnen mag. Jemand führt seinen Rehpinscher vorbei, der Hund trippelt verschreckt durch die Mittagsruhe, die in ihrer Ausschließlichkeit bereits etwas Sakrales angenommen hat. Darf man sich hier, in dieser geheiligten Stille, als Fremder überhaupt aufhalten? Im Stadtpark sitzen wir auf einer Bank, und ältere Paare drehen ihre Runden um den Ententeich.

Sonntagsspaziergang. Diese Stimmung, Septemberlicht, geordnete Muße, disziplinierte Schritte, meine ich in meiner Kindheit zum letzten Mal so erlebt zu haben, beim Sonntagsspaziergang mit Eltern und Großeltern, als noch immer die Erleichterung zu spüren war, daß man sich dies erlauben konnte, einen Spaziergang im Frieden, nach all den verheerenden Jahren im Krieg. Dieses leise Glück hat sich Lohne erhalten, während man sich in anderen Gegenden längst, schon ein halbes Jahrhundert lang, langweilt, und heimlich herbeiwünscht, daß etwas, ganz gleichgültig was genau, endlich passiert.

Lohne verdankt seinen Wohlstand der Schreibfederproduktion. Waren es die Lohner Gänse, mit denen die Massentierhaltung begann? Darüber ist nichts Genaues herauszubekommen, aber der zerfledderte Gänseflügel im Industriemuseum, die dicken Federbündel in verschiedenen Stärken, die rechten und linken Federn, wie ein Indianerkopfschmuck angeordnet, vermitteln kein Gefühl von Nostalgie, sondern zeigen, wie sich das Tier in Zeiten fabrikmäßiger Produktion vom Geschöpf zum Rohmaterial wandelt. Ich hatte in letzter Zeit mit dem Gedanken gespielt, aus Protest gegen die unsinnige Rechtschreibreform zum Gänsekiel zurückzukehren und nur noch mit selbstgeschnittenen, sandgehärteten Federn zu schreiben. Dieser Plan war von vornherein nicht ganz logisch, aber jetzt bin ich von einem Tag auf den anderen davon abgekommen. Ich hatte lange Schillers Schreibfeder in einem eleganten gläsernen Tintengefäß vor Augen. Jetzt sehe ich Massen von tintenverschmierten, eingerissenen, spritzenden, klecksenden Gänsefedern vor mir, und die englische Stahlfeder finde ich plötzlich so atemberaubend modern, so nachhaltig und aerodynamisch, daß ich womöglich in Kürze auch imstande bin, ein Wort wie Brennessel mit einem dritten N zu schreiben, einfach aus diesem Schwung des Fortschritts heraus.

Fortschritt, Kunststoff. In Lohne verwirren sich mir die Zeiten. Nostalgie kommt komischerweise beim Thema Kunststoffproduktion auf. All die Gegenstände aus den 70er Jahren, als ich in dem Alter war, in dem man Gegenstände wichtig nimmt, in dem sie sich für immer einprägen, ganz egal, ob sie schön sind, häßlich oder neutral, all diese Gegenstände, mit denen eine ganze Generation aufwuchs, kommen offenbar aus Lohne. Dinge, die den Alltag begleiteten, die man nur aus den Augenwinkeln wahrnahm, mit denen man selbstverständlich umging, ohne sie eigens zu beachten.

Plastikverpackungen für Fertigsalate. Tablettenröhrchen. Cremetöpfe. Hundefuttertüten. Einwegspritzen. Verschlüsse für Smarties-Rollen. Seifenblasenbehälter. All das seltsam uneigenständige Dinge, Hilfsdinge für das eigentliche Produkt, Dinge, die durch Aufdrucke, Beschriftungen erst etwas werden, sichtbar werden, vorher nur vages Material sind, transparente oder weißliche Hülle, der Schaum auf einem Meer von Konsumartikeln, unwirkliche Dinge, vielleicht Undinge. Aber hatte ich all diese Undinge als Kind nicht ständig in der Hand? Bin ich nicht mit ihnen großgeworden, mit all diesen Kapseln und Stopfen aus Kunststoff, damals, als man noch nicht öffentlich recycelte, als man noch jede Plastikdose aufhob, zum Einfrieren oder für Schrauben oder Spielfiguren, als man noch nicht alles hatte und selbst Undinge immer für irgendetwas gebrauchen konnte?

Ich frage mich in Lohne, ob diese Kunststoffverpackungen nicht materieller Ausdruck des Faden sind. Sie sind nicht dies und nicht das, sie sind überall, aber eigentlich gar nicht da, sie sind farblos wie Wasser und ohne Geschmack. Vergangene Zeit, geronnen zu einer quadratischen Dose mit rotem Deckel, zu einer Drehkappe auf einer Shampooflasche, zu einem Sparschwein, samtblau beflockt.

Oldenburger Münsterland

Votivkerzen, Schluckbildchen, Wettersegen –
meine Tanten schritten den ersten eigenen Teppich ab,
Länge mal Breite, ihr goldenes, ihr Verlies,
in das sie zurückgekehrt waren nach Jahren
in Schwesternwohnheimen, Abendschulen,
nach Jahren, in denen sie niemals vermeinten frei zu sein.

Das Kunststoffwunder veränderte alles,
ließ neue Geräusche ins Zimmer,
die sich zu Gebilden formten,
zum quietschenden Drehverschluß eines Cremetiegels,
zum schmatzend entspannenden Bauch einer Shampooflasche,
zum knackenden Deckel auf einem Schälchen Heringssalat.

Durch das gekippte Küchenfenster drängte noch immer
Geruch von Dung, aber wenn sie jetzt abwuschen, standen
die Tanten ganz anders da, standen anders im Raum,
standen locker wie Schäume, Vliese und Flocken,
Weichmacher lagen auf ihren Gesichtern, Füllstoffe
um ihre Hüften, sie waren viel näher dran,

wenn von glänzenden Tellern das Wasser leicht abfloß
wie Seide, sie fühlten sich selbst seidig, waren
jetzt enger verbunden mit ihrer Umgebung, als hätte
Verseifung stattgefunden, Vulkanisierung, Bestrahlung.
Meine Tanten bevorzugten lebenslang Kleider
von Delmod: Nylon, Polyester, Polyamid.

Ich habe mich sofort daran gewöhnt.
Seltsam, daß Dinge wie Haarspray mit mir zusammen
zur Welt kamen. Meine Kindheit jene der Tetrapaks,
Plastiktüten und Kühltruhen. Letztens erst trieben
im Müllstrudel tausende Überraschungseikapseln
mit Spielzeug gefüllt an den Strand von Langeoog.

Die niedersächsische Landschaft. Nichts ist schwieriger, als über Landschaften zu schreiben. Entweder man kennt eine Landschaft, dann ist jedes Wort überflüssig, oder man kennt sie nicht, dann ist jedes Wort ein Tropfen auf dem heißen Stein der Fremdheit. Von Lohne nach Cloppenburg ist die Landschaft vergleichsweise lieblich. Der Raps blüht nach der ersten Blüte im Mai jetzt im September zum zweiten Mal. Stoppelfelder am Waldrand in diesem milden Septemberlicht, erste gelbe Blätter, es riecht nach reifem Obst und frühem Moder, oft auch nach Gülle. Der Radweg auf dem Alten Bahndamm führt einfach immer geradeaus, er kreuzt die Autobahn, er führt an den Rückseiten von Gärten entlang, er führt quer durch Dinklage, und auch hier weisen die grünen Radwegpfeile einfach immer geradeaus, obwohl geradeaus definitiv ein Fabrikgelände kommt. Aber jenseits der Hauptstraße tauchen plötzlich die alten Bahngleise aus dem Asphalt, sie führen direkt in das Gebäude, und wir folgen ihnen, soweit es geht, überqueren den Hof, vorbei an Palettenstapeln und eingeschweißten Produkten, wir warten mit einem Transporter an der roten Fabrikampel, die Einlaß in das Gebäude gewährt, wenn sie umspringt, und schließlich gelangen wir über Seitenpfade auf der anderen Seite des Geländes wieder auf die Straße, kommen am Alten Bahnhof raus, es war tatsächlich der offizielle Weg. Den zu nehmen man ohne das Fahrrad niemals gewagt hätte.

Dann geht es im Zickzack weiter durch Alleen, vorbei an einzelnen Gehöften, Gewässern mit Entengrütze, bis zu einem Formgehölz im Vorgarten einer Cloppenburger Villa. Es ist eine Eibe, die aussieht, als jonglierte sie Teller. Ist das nun schön? Ist das japanisch? Oder doch nur kurios?

Die Häuser im Museumsdorf riechen nach Rauch, weil man das Feuer mitten in der Diele entfachte. Man schlief aus Angst vor Zugluft in winzigen Alkoven mit Schiebetüren, einer Art Bettschränken, die zu Brutstätten für Krankheiten wurden, alles in allem eine unvernünftige Lebensweise, von der man erst ziem-

lich spät abrückte. Das Niedersächsische Hallenhaus ist ein
merkwürdiger Gebäudetyp, eigentlich ein Stall mit Scheune,
an den der menschliche Wohntrakt angegliedert ist. Das Vieh
steht im Vordergrund und hält Hof, die Menschen spielen, vom
Eindruck her, den die Architektur vermittelt, eine Nebenrolle,
die Rolle des Viehversorgers. Man wohnt mit im Stall, in der
Dienstbotenkammer, ernährt sich von Palmen und frommen
Wünschen. Holter Palme, Oldenburger Palme, barock anmutende Namen für ein unauffälliges Gemüse wie den Grünkohl.
Aber man muß die Dinge nur lange genug betrachten, dann
offenbaren sie ihre geheime Schönheit. Die reichen Großbauern haben für solcherlei Betrachtung keine Zeit. Das Auge paßt
sich nicht den Dingen an, sondern die Dinge sollen dem Auge
gefällig sein. So kommt es zur Mode der Holzmalerei. Ein Mö-
belstück aus einem Holz, das gerade nicht der Mode entspricht,
wird mit den Merkmalen einer anderen Holzsorte übermalt.
Aus Birnbaum wird so über Nacht Mahagoni, aus Palisander
wird Eiche oder umgekehrt. Man verfaßt Musterbücher für
solchen Wechsel der Materialien, Musterbücher voller Mal-
anleitungen für Holzmaserung.

Geest

mit Reifen beschwert
weiße Silageplanen
gewölbt wie Wolken

Frühstücksradio: Pferde auf der A2. Eine Region, die für ihre Pferde so berühmt ist, kann diese auch schon einmal morgens in den Verkehrsnachrichten erwähnen, das finde ich schlüssig, das finde ich geradezu befriedigend. Wo sonst sind Pferde schon allgegenwärtig? In Oldenburg nehmen sie sogar die Fußgängerzone ein, als Bronzepferd vor dem Bankgebäude, als ausgestopfter Sattelträger im Lederwarengeschäft.

Zunächst aber geht es von Cloppenburg aus zur Wallfahrtskirche in Bethen. Die Basilika ist relativ neu, die Gnadenkapelle und die Antoniuskapelle strahlen hingegen die Altehrwürdigkeit von Gotteshäusern aus, die seit Jahrhunderten in Betrieb sind. Die Basilika allerdings ist auch nicht verwaist, Dienstagmorgen, Messe, die Kirche ist voll. Es handelt sich hier um die nördlichste Marienwallfahrtsstätte Deutschlands, was immer das heißt. Gibt es weiter nördlich andere Wallfahrtsorte, an denen andere Heilige verehrt werden? Die Recherche ergibt, es gibt weiter nördlich überhaupt keine Wallfahrtsorte mehr. Schleswig-Holstein ist weitgehend protestantisch, ebenso Mecklenburg-Vorpommern, und in der Tat fällt an dieser Region die starke Stellung des Katholizismus auf. Jeder große Hof hat sein eigenes Wegkreuz, oft ragt es pathetisch aus einem dunklen Rhododendronhain, manchmal aus einem Blumenbeet, jedes ist anders, aber alle sind von imposanter Größe. Ich kann mir vorstellen, daß die reichen Bauern ihren Wohlstand auf diese materiegewordene Frömmigkeit zurückführen, nicht viel anders als in Berlin, wo die gutgehenden Asiarestaurants stets einen kleinen Altar stehen haben, an dem sie jeden Tag Früchte und Räucherwerk opfern.

Jedenfalls ist die Nördlichkeit bei diesem Wallfahrtsort entscheidendes Kriterium, noch weiter nördlich beginnt offenbar das Ende der zivilisatorischen Welt, das unkultivierte Land, die Wildnis.

Weiter zum Urwald Baumweg, an der Hauptstraße entlang, auf der pausenlos der Verkehr donnert. Warum hat man auch die meisten Bahnverbindungen eingestellt, warum muß alles per Lkw transportiert werden? Auch zum Einkaufen muß die Landbevölkerung mit dem Auto fahren, es gibt in keinem Dorf einen Laden. Aber vielleicht kaufen die Bauern ja gar nichts ein, produzieren selbst ihre Nahrung? – Ernährungsbasis Futtermais? Als Fremder, der nur durchfährt und keine Ahnung hat vom Landleben, kann ich nur spekulieren.

Futtermais: Auf einem Feld werden Saatgutsorten präsentiert, die dicken Kolben sind malerisch von ihren Hüllblättern befreit und protzen mit ihrem Gelb. Eine Gruppe Männer geht, ins Gespräch vertieft, die Reihen ab, und ich hätte gerne das Fachwissen, um hier mitzureden.

Im Urwald liegen einige eindrucksvolle Stämme entrindet auf dem alten Laub, die mächtigen Bäume schlucken gnädig den Lärm von der Hauptstraße, hohe Säulen unter dem Blätterdach, auch eine Kathedrale.

Auf immer schmaleren Pfaden geht es in den Norden, auf immer wilderen Wegen, und inzwischen ist klar, hier ist es nötig, innerlich zur Ruhe zu kommen, sich der Landschaft anzuvertrauen, damit man nach und nach den Rhythmus der Blätter bemerkt, den leisen, immerwährenden Schwung, den der Wind durch die Kronen treibt, die unerschütterliche Kraft des stehenden Wassers.

Wir sitzen lange an den Ahlhorner Teichen und hören zu, wie hin und wieder eine Eichel dumpf ins Wasser plumpst, wie hin und wieder ein Fisch durch die Wasseroberfläche stößt und klatschend zurückfällt.

Fischteiche. Letheradweg. Hunteradweg.

Überall riecht es deutlich nach Gülle, aber Schweine sind nicht zu sehen. Zu sehen sind flache moderne Hallen ohne Fenster, was darin vor sich geht, bleibt im Verborgenen. Schweine, Kunststoff, Kartoffelprodukte? Weidetiere, habe ich nebenbei gelernt, werde in Großvieheinheiten gemessen. Eine Großvieheinheit entspricht 500 kg Lebendmasse. Ein Mastschwein wird mit 0,12 GV angesetzt, und man berechnet damit den Dunganfall, den Flächenbedarf, den Weidedruck und auch den Abstand zur Nachbarbebauung hinsichtlich der Geruchs-immissionen.

Unsichtbare Schweine. Es sollen an die zwei Millionen sein in diesem Landstrich. Ich könnte ausrechnen, an wieviel theoretischen Schweinen wir schon vorbeigekommen sind. Ungefähr 80 Kilometer gefahren, ins Quadrat gesetzt macht 800 Hektar, nur rechtsseitig gezählt, und 1.600, wenn man auch die andere Seite des Radweges mitbedenkt. Auf 80 bis 100 ha ist dünge-, steuer- und baurechtlich Platz für 1.400 Tiere. Bis Oldenburg führt der Weg an knapp 30.000 unsichtbaren Schweinen vorbei.

Wir verlassen Oldenburg, pastellfarbene Residenzstadt, über die
Hebebrücke und folgen der Bremer Straße nach Delmenhorst.
Eine unspektakuläre, mäßig befahrene Hauptstraße, flankiert
von der Autobahn, die den gröbsten Verkehr abziehen mag.
Wiesen und Weiden, kleine Gewerbebetriebe, eine Dorfeiche
mit Plakette von 1994. Um besondere Bäume wird in dieser
Gegend ein gewisses Aufhebens gemacht. Im Hasbruch sind
die alten Eichen nach den Herzoginnen Oldenburgs benannt:
Friederikeneiche, Amalieneiche, Charlotteneiche. Die Friederikeneiche bildet den Mittelpunkt des Waldes, der hier »Natur-
wald« heißt, weil er sich selbst überlassen bleibt. Wie nennt man
dagegen eigentlich den Wald, der forstwirtschaftlich genutzt
wird? Normaler Wald? Normwald? Industriewald? Kunst-
wald? An der Friederikeneiche sammeln sich die Besucher.
Fahrradfahrer, Wandergruppen, alle sehr laut im Vergleich zur
Ruhe des Waldes. Die Friederikeneiche ist eingezäunt. Kann
man das naturbelassen nennen? Sind Baumtouristen Unnatur?
In dieser insgesamt sehr baumarmen Gegend Norddeutsch-
lands, in der jeder einzelne noch existente Baum gepriesen und
hervorgehoben wird, weiß man wohl um die Bedrohungen
durch den Menschen für das Holz.
Die Amalieneiche ist schon nicht mehr zu sehen. Ein Stamm-
rest modert im Waldboden vor sich hin. Von einer kleinen
Erhebung aus, einer Art Aussichtsplattform, kann man den
Stamm offiziell betrachten. Die Betrachtungsplattform ist zum
Baumrest hin abgeriegelt, bis hierher und nicht weiter, wird
signalisiert, und nicht einmal das Totholz darf man anfassen in
diesem naturbelassenen Wald.
Neben dem Baumrest sind zwei Männer mit einem Metall-
detektor zugange. Der Detektor fiept alle paar Sekunden, und
der zweite Mann beginnt mit einem Spaten im Waldboden zu
graben. Sie suchen alte Münzen, sagt er mit russischem Akzent.
Und, haben Sie schon etwas gefunden? Sie finden immer etwas,
sagt er, aber heute noch nicht, heute nur ein Fünfzigpfennig-

stück. Ich frage mich insgeheim, ob das erlaubt sein kann, hier alte Münzen auszubuddeln. Nichts darf man, aber den Boden umgraben? Schätze entwenden? Schwer zu sagen jedenfalls, wo hier die Natur endet und die Manipulation anfängt.

Salamander, heißt es auf einem belehrenden Schild, vertragen keinen Fischbesatz im Gewässer, weil Fische die Larven fressen. Salamander bevorzugen Bombentrichterteiche.

Der Amphibienteich brodelt leise, Sumpfgas strömt aus, es riecht faulig. Das Oldenburger Land ist eine Gegend der starken Gerüche. Häufig riecht es nach Schweinemist, auch wenn man kein einziges Schwein sieht. (Der Städter empfindet das gar nicht als unangenehm, er weiß, er ist endlich raus aus der Stadt, er ist auf dem Land. Die entscheidende Frage ist hier vielmehr: Wie wirkt sich, auf lange Sicht, der hohe Nitrateintrag auf die Qualität des berühmten weichen Teewassers aus? Beeinträchtigt er irgendwann den Ostfriesentee?) Zu den unsichtbaren Schweinen gesellen sich jetzt die unsichtbaren Feuersalamander. Tagsüber verbergen sie sich unter Steinen oder unter totem Holz, während das tote Holz seinerseits dem Status der Unsichtbarkeit näher rückt mit jedem Tag, der hier vergeht.

Von Geistern ist die Rede im Hasbruch, es sind sogar Straßen und Wege nach ihnen benannt. Geister, die in alle Ewigkeit Wasser schöpfen, Geister, die auf Keilern reiten, Geister, die manchmal als weiße Gestalt in Erscheinung treten, für gewöhnlich aber die Unsichtbarkeit mit Schweinen und mit Salamandern teilen.

Andere unsichtbare Leute sind gleichwohl mit ihrem Konterfei an der Grundstücksgrenze verewigt. An einer Einfahrt hängen unscharfe Aufnahmen einer jungen Frau. An einer Bushaltestelle ist der Fahrplan durch ein Din A4 großes Foto von einem Herrn mit Brille und Schnauzbart ersetzt. Großsteingräber beherbergen noch immer die unsichtbaren Menschen aus anderen Jahrtausenden. So überlappen sich hier die Zeiten.

Delmenhorst, Wollepark, Jutecenter. In der Innenstadt am Abend wimmelt es von unsichtbaren Leuten, von leicht zu übersehenden Personen. Hier trifft sich die unbeschäftigte, die perspektivlose Jugend.

die Rhododendronjahre

was uns interessiert, sind die schwarzen Wälle
hinter den Bänken in städtischen Parkanlagen
abends, am Rasenrand
wenn es dämmert

die Jugendlichen
wie sie durch Wände gehen
Glas, das zurückweicht vor ihrer Gestalt
und sich hinter ihnen wieder schließt

graue Kante einer Straßenecke
hinter der nichts folgt
nur das Schlecht-Geschlafen-Haben
das über den Papierkörben liegt

diese Gegend hat sich niemand ausgesucht
sie war vor uns da, sie wird weiterhin da sein
diese Gegend hat ausgesorgt. überall
Weitergezogenes, Umzugskartons

aber so ist es ja nicht
warum wäre es so
kann es wahr sein und
wird es so bleiben

es gab diese Störung im Straßenverkehr
durch eine mannshohe Blase voll trüber Erinnerung
sie bewegte sich kaum von der Stelle
hing auf der Mitte der Kreuzung und kam dort nicht weg

fände es wirklich so statt
wohin kann man sich wenden
und was hindert uns
aus allem auszubrechen

Elsfleth: 1254 hausten Wölfe in der Kirche. Das Land war durch Kriegshandlungen verwüstet, Menschen und Wölfe tauschten die Plätze. Letztens erst, las ich in der Zeitung, strich seit langem erstmals wieder ein Wolf durch diese Region. Ein Problemwolf, der die Scheu vor den Menschen verloren hatte und der deshalb heute schon nicht mehr am Leben ist.

Auch sonst sind nicht gerade viele Tiere an der frischen Luft. Wiesen und Weiden, selten einmal ein paar Kühe, vor allem aber plattes Land. Brake in der Wesermarsch, stelle ich mir vor, muß für mein Fade-Orte-Projekt die ideale Lokalität sein. Wer wie ich noch nie in Brake war, hat von Brake keinerlei Vorstellung. Brake ist praktisch nicht existent. In Wirklichkeit besitzt Brake eine gewaltige Hafenanlage, die mit Produkten wie »Edible Oils« Wohlstand generiert. Jugendstilvillen im Ort, feine Damen in der Fußgängerzone, Fischgerichte. Trotzdem. Das Bild, das man sich von Brake macht, gewinnt kaum Kontur.

Von Süden kommend gelangt man nach Brake entlang der Hochwasserschutzmauer. Das ist eine kahle, kilometerlange Betonmauer, die die Anwohner hier und da zu begrünen versuchen, damit der Blick aus dem eigenen Haus nicht nur auf eine monotone graue Fläche fällt. Aber die Anpflanzungsversuche sind bescheiden, verstärken die Trostlosigkeit eher noch, denn die monotone graue Fläche bleibt. Jetzt noch Dauerregen! Dann wäre man dem Faden wahrscheinlich schon bedeutend näher gerückt. Es regnet aber nicht, es regnet nicht nur nicht in Strömen, es regnet überhaupt keinen einzigen Tropfen. Wiesen und Weiden liegen im klaren Septemberlicht, sie liegen sonnendurchleuchtet da, und auf einmal sind die Wiesen und Weiden nicht mehr alle gleich, keine stumpfsinnige Grünfläche, eine wie die andere, sondern ich erinnere mich jetzt an einen gutgeschnittenen Rasen in einem Garten, der weich war wie Moos, an eine Pferdeweide mit trockenen braunen Unkrautstengeln, die die Pferde verschmäht hatten, Stengel, die inselhaft im Gras trieben und immer mehr Platz einnahmen. Die hiesigen Wiesen, dem Moor abgerungen, haben fettes Gras, Wiesen von Menschenhand, Wiesen, von Menschen durchsickert, Wiesen, voll mit unsichtbaren Menschen, deren Arbeit immer noch Spuren hinterläßt, Halme und Büschel, Grünland, Weideland.

Weil die Weser ausgebaggert wurde, erzählt man, führt die Flut mehr Salzwasser heran. Das Weserwasser wiederum wurde seit langem auf die Weiden geleitet, um das Vieh damit zu tränken. Nun versalzt das Wasser, das Vieh geht ein. Wenn das Vieh nicht eingehen soll, muß anderes Wasser herangeschafft werden. Woher? Geplant wird, heißt es in Brake, andere Flüsse in die Wesermarsch umzuleiten. Ist das sinnvoll? Durch reine Betrachtung der Weide läßt sich darauf keine Antwort finden. Daß die Hochwasserschutzmauer hingegen einem ernsthaften Hochwasser nur bedingt standhalten wird, sieht auch ein Laie wie ich auf den ersten Blick.

Weserstrand. Quecksilber. Wasser. Abend. Zwei Kinder suchen den Sand ab, das eine hat sein Handy verloren. »Ich bin tot, wenn ich so nach Hause komme, meine Eltern, die schlagen mich tot, sag ich dir.« Jugendliche wollen zum Angeln, helfen suchen. Ein Teenager setzt sich an den Fluß, hört Musik, blickt nur auf sein Gerät. Zwei kräftige junge Männer wollen baden, es dämmert schon. »Einfach hineingleiten«, rät der eine, der schon drin ist, während der andere sich ziert. Schließlich sind sie beide bis zu den Schultern im Wasser. Stehen in der Weser herum und unterhalten sich. Sie schwimmen nicht einen Zug, aber sie amüsieren sich prächtig und finden die Aktion extrem cool. Später kommt jemand mit Badekappe angetan und stürzt sich sportlich in die Fluten. Einer holt sein Motorboot ans Ufer. In Brake ist richtig viel los.

Brake

Gemeinschaftsgestalten Weserstrand
jeder ein Handtuch
unter dem Arm
wenn die Tide sich hebt und die Torfgeister
ihre Konsistenz verändern
von Tee mit Kandis
zu Tee mit Sahne
durchscheinend noch
aber schon sichtbar
für echte Ostfriesen

brackige Weite aus Zweifeln und Reisetreibgut
sammelt die Lichter ein
Wasser
hält dich
enthebt dich für diesmal dem Teeproblem
entstehen sie wirklich
aus einem fachfremden Unbewußten
und welche Regel gilt:
tea first?
milk first?

Deiche sind Objekte besonderer Fadheit. Beim Deich handelt
es sich um ein Bauwerk, das das ästhetische Phänomen des
Faden geradezu magisch anzieht. Man setzt einen Deich hin,
das Fade ist da. Ein unscheinbarer Erdwall, bewachsen mit
einfachem Gras, es kann ein Deich sein, es kann eine begrünte
Mülldeponie sein, wenn Schafe den Rasen kurzhalten, ist es ein
Deich. Der Deich soll das Wasser von der übrigen Landschaft
fernhalten. In Wirklichkeit hält er den Blick von der Landschaft
fern, er ist der Fernhalter schlechthin. An der Nordsee hält er
alles so fern voneinander, daß sich auch das Meer unverhält-
nismäßig weit zurückzieht. Der Blick fällt auf einen Graswall
und bleibt dort. Sehr viele Schafe lagern gut beleuchtet auf der
Krone und lenken werbeträgerisch vom Faden ab. Schafschutz-
zone, so nennt sich der Deich. Es regnet übrigens nicht. Um
hier einen Höhepunkt der Fadheit zu erleben, müßte es regnen.
Auf japanischen Holzschnitten sieht man oft Regen. Der Regen
wird in parallelen Strichen dargestellt, die die gesamte Landschaft überziehen. Gibt es in der europäischen Malerei ein einziges Bild mit Regen? Also nicht bloße Regenwolken, dräuend
am Himmel, nicht spiegelnde Pfützen nach einem erfrischen-
den Guß, sondern Regen in actu? Seestücke gibt es, gewiß, dort
stürmt es und wogt, es spritzt auch und sprüht, aber sieht man
den Regen?
Die Nordseetouristen am Jadebusen scheinen die Fadheit eines
Meeres ohne Wasser besonders zu schätzen, ja den Erholungs-
wert des fadesten aller Meere als ultimative Grundlage für ihren
Urlaub anzuerkennen. Leute spazieren auf einem schmalen Weg
zwischen Strand und Watt entlang. Das Watt ist eine schlammi-
ge Sandfläche, es sieht aus wie eine Landschaft nach einer Na-
turkatastrophe, es sieht nach nichts aus, nach gar nichts.
Abends kommt in der Tagesschau ein Aufdeckungsfilm über
Schweinemast. Hier sieht man alles, was man sonst nicht zu
sehen bekommt und auch lieber gar nicht sehen will. Es ist
leichter, mit unsichtbaren Schweinen zurechtzukommen.

Nachts träume ich, ich sei ein Mörder und hätte bereits mehre-
re umgebracht. Nicht ganz klar, ob Menschen oder Schweine.
Jedenfalls kann man mir meine Schuld nachweisen, sie steht auf
einem Zettel, den ich zerkaue und herunterschlucke. Aber die
Schuld ist immer noch da.

Marsch

der Mittelstreifen
Rüben- und Grünkohlhimmel
ein Wassergraben

Jadebusen

flachgetreten von
Schafen, Schafen und Schafen
die ganze Landschaft

Rhododendronpark Hobbie, großartige Anlage. Was läßt sich über Rhododendron sagen, der ja oft bedrückend wirkt, wenn er schlecht gedeiht oder nicht gut gepflegt wird, weil ihm als immergrüner Pflanze von Natur aus die Frische fehlt, ihm immer etwas Staubiges, leicht Verdorrtes anhaftet. Erst hier, im Park, kommt der Rhododendron in seiner Schönheit zur Geltung. Große Büsche, ja Wälle säumen den Weg, er wächst unter ebenfalls imposanten Baumsolitären, eine malerische Staffelung der Grüntöne beruhigt das Auge, beruhigt den Geist, auf der ganzen Route war es nicht eine Sekunde lang so ruhig wie hier. Wir sind die einzigen Besucher in diesem ganzen großen Gelände. Wie kann das sein, daß hier, wo man Stunden in absoluter Schönheit verbringen kann, niemand hinfindet? Um so besser für uns. Es muß nicht Blütezeit sein, um dem Rhododendron etwas abzugewinnen. Die Blüte lenkt ab von den Blattmassen, den Formen, der Dichte, dem ledrigen Dunkelgrün.

Auf dem weiteren Weg nach Westerstede unglaublich exakt geschnittene Hecken. Schachfigurenartige Formpflanzen in den Vorgärten der Gehöfte. Auf dem Markt Westerstedes ist der Höhepunkt der gestalterischen Eingriffe mit Baumquadern erreicht, die als Eckelemente geschnitten sind.

Der Unterschied zu den Japanern ist der, daß dort die bearbeitete Natur natürlicher wirken soll. Es wird enorme Sorgfalt aufgewendet, einen Baum so zu stutzen, daß er windzerzaust aussieht, während man hier tendenziell den rechten Winkel pflegt, geometrische Formen aus dem Blätterwust arbeitet, Würfel, Kegel, Quader, Pyramiden, Formen, die im Barockgarten ihren historischen Höhepunkt hatten und jetzt auch in kleinen Privatgärten schwer in Mode sind. In den Baumschulen um Bad Zwischenahn bewundere ich sie: Baumkronen, flach wie Spatenblätter, Buchsbaumspiralen, und weitere grüne Wesen, geformt wie von anderen Sternen, überraschend, unvertraut.

Drehaschenbecher, Heimarbeit, Torfsodenofen –
meine Tanten steckten die Haarteile fest,
spazierten zum Park, ihren Lackdackel, wie sie die
Handtasche nannten, unter den Arm geklemmt.

In einer Wolke aus Veilchenseife schritten
die Tanten durch dunklere Kräfte hindurch, durch
Gebüsche mit nie zu entfernender Staubschicht, das
düstere Laubzittern vor dem Schönwetterhimmel,

das anhebt bevor eine Form schließlich zerbricht.
Es war die Zeit, in der Rhododendron erstmals
Platz in Privatgärten einnahm, in der er das Drückende,
das auf den Grundstücken lag, in Blüten verwandelte.

Meine Tanten wollten die Blätter belauschen,
erhorchten die Opiumkriege, die immer noch in ihnen
rauschten, chinesische Bergregionen, das Rascheln
von Seidenkleidern in weiß geschwollenen Knospen.

Wurden den Tanten je Sorten gewidmet? Sie mochten
den Zuchterfolg »Emily Peel«, benannt nach der Frau
des Sohns des Premierministers, sie mochten »Madame
Louis Van Houtte«, benannt nach der Gattin jenes

Herausgebers einer Gartenbauzeitschrift. Andere Damen
bekamen von vornherein Blüten übergestülpt, trugen Namen
wie Rosa, Petunia, Lilly. Meine Tanten warteten jahrelang
auf Rhododendren, die Wilma und Gertrud hießen wie sie.

Der Schloßgarten in Oldenburg ist nach dem Vorbild asymmetrischer ostasiatischer Gärten als Englischer Garten angelegt. Keine Formpflanzen, keine Symmetrie, statt dessen verschlungene Wege, weite Rasenflächen mit Einzelbäumen, stets wechselnde Ausblicke auf eine Landschaft, die aussieht, wie man sich Natur vorstellt, schöne Natur, Auenlandschaft, Idylle.

Nach einer Woche im Oldenburger Land bin ich ruhiger geworden. Mein äußeres Tempo war vom Fahrrad vorgegeben, mein inneres Tempo hat sich der Landschaft angepaßt. Ich kann einen halben Tag lang einfach dasitzen und auf eine Parkwiese sehen. Ohne ständig an die Aufgaben zu denken, die meiner noch harren, die mich überrumpeln werden, sobald ich wieder zu Hause bin. Ich kann mich vom Grün der Wiese durchflirren lassen, vom Lichtspiel auf den Parkbäumen, auf dem Wasser. Dieser Park ist keine typische Landschaft der Fadheit, er ist konturiert und gestaltet und außergewöhnlich abwechslungsreich. Aber das Fade ist keine Eigenschaft der Dinge, das Fade liegt im Blick des Betrachters. Nach einer Woche im Oldenburger Land, ohne besondere Erlebnisse, ohne berichtenswerte Ereignisse, bin ich auf Erlebnisse nicht mehr angewiesen und kann endlich die Dinge so sein lassen, wie sie sind. Das Fade ist da. Das Fade ist überall. Die Landschaft, von Fadheit durchdrungen, ist schön.

Michael Kumpfmüller

Der gute Gott von Oldenburg

> Es gehört nichts dazu, zu reisen, neue Orte zu
> sehen, schwierig ist es, jeden Tag dieselbe Strecke
> zu gehen, dieselben Orte zu sehen, auf eine neue
> Weise, vielleicht, aber dennoch, dieselben Stra-
> ßen, dieselben Häuser, um einen neuen Gedanken
> zu finden, eine ganz neue Art derselbe zu sein.
>
> *Tomas Espedal*

Ich weiß nicht, ob es klug ist, ausgerechnet jetzt zu reisen,
aber Rieke findet, auf jeden Fall. Sie müsse unbedingt mal raus
und sich bewegen, sagt sie, denn so in Bewegung könne sie am
besten nachdenken, klären, was nun ist und wie sie weiterleben
will. Und ist das nicht gerade die Frage?

Man sieht Rieke nicht an, was ihr in den letzten Monaten ge-
schehen ist. Rieke ist weiterhin die Rieke, die sie vor zwanzig
Jahren gewesen ist, eine etwas geschundene Version davon, aber
immer noch mit diesem nördlich ruhigen Blick, denn sie kommt
aus dem Norden und dort will sie jetzt eine Weile hin.

Wir haben eine Woche, und in dieser Woche will sie sich entscheiden.

Nicht groß reden, sondern einfach nur herumfahren, ein bisschen gehen, schauen, was da oben im Norden so ist, was sie
noch kennt, denn sie ist seit Jahren nicht dort gewesen und als
Kind nur die ersten sechs Jahre.

Ich kann kaum sagen, wie sehr ich Rieke bewundere. Dass sie
sich nicht blindlings fügt, sondern darauf beharrt, dass man
jederzeit einen Rest Freiheit hat, dass nicht alles gegeben und
unvermeidlich ist, sondern man auch Nein sagen kann oder zu
etwas anderem, neuen vielleicht Ja.

Leider ist das schwer.

Ich fühle mich wie dein Odysseus zwischen den beiden Felsen, sagt sie. Pest und Cholera, wenn es nur Pest und Cholera wäre.

Rieke hat bis vor einem halben Jahr fürs Radio gearbeitet, was bedeutet, dass ich jede Menge Stimmen von ihr kenne, die ihr verfügbaren Tonarten, sagen wir, in den ersten Morgenstunden, wenn sie mit ihrem unverwüstlichen Optimismus ihre Hörer aus den Betten holt: »Guten Morgen, es ist euer Tag, ich bin Rieke und möchte, dass ihr etwas aus ihm macht, denn ihr habt ihn nur dieses eine Mal, und das ist heute.«

Sie hat sich gewünscht, dass ich das Fahren übernehme.

Wir sind schon länger unterwegs als geplant, kurz vor Magdeburg stehen wir ewig im Stau, aber für Rieke ist nur wichtig, dass wir alles schnell hinter uns lassen. Sie hat ihre Füße auf das Armaturenbrett gelegt und studiert die Regionalkarte 04, die sie für die Reise besorgt hat, und irgendwann sagt sie: Cloppenburg. Lass uns nach Cloppenburg fahren.

Eine ihrer Großmütter stammte aus Cloppenburg, sie ist seit Ewigkeiten tot, aber gut. Das Navi sagt, zwei Stunden, es beginnt schon zu dämmern, man sieht nicht mehr viel, aber in diesen Minuten betreten wir den klösterlichen Raum, der für Rieke der Norden ist, das Schweigekloster ihrer frühen Kindheit, in dem sie sich eine – ich weiß nicht – spirituelle Stärkung erhofft, eine Erfrischung ihrer müden Seele, oder wie immer sie es in den letzten Tagen formuliert hat.

In Cloppenburg, leider, nieselt es. Der erste Eindruck ist alles andere als erfreulich, denn auch das Hotelzimmer ist nicht besonders, aber immerhin, wir bekommen eins und können es auf der Stelle beziehen.

Draußen ist es inzwischen richtig Nacht, es ist halb neun, der Nieselregen hat sich in einen hartnäckigen Landregen verwandelt, alles ist nass und dunkel, von erhabenen Gefühlen keine Spur.

Aber da drüben, schau, leuchtet die Akropolis, sage ich, denn keine drei Minuten vom Hotel gibt es einen Griechen, in dem jede Menge Leute beim Essen sitzen, direkt am Wasser eines schmalen Flusses; die Götter meinen es gut mit uns, was wiederum Rieke sagt, weil sie an die Existenz von Göttern glaubt, und warum auch nicht, wir können jede Art von Beistand gebrauchen.

Auch die Köche im Akropolis könnten ihn gebrauchen, denn das Gyros und die Moussaka sind – na ja – doch eher mäßig, aber deshalb sind wir nicht gekommen, und der eisgekühlte Ouzo schmeckt beinahe wie in Griechenland.

Wahrscheinlich haben die Götter von Cloppenburg gerade Urlaub, sagt Rieke, die es mit Namen und Aufenthaltsorten der Götter nicht so genau nimmt, aber jederzeit mit ihnen rechnet, und das schätze ich an ihr.

Ich unterrichte seit fünfundzwanzig Jahren Latein und Griechisch an einem Gymnasium und habe es mit Schülern zu tun, die von Göttern nie gehört haben und allenfalls Vorfahren der Aliens in ihnen sehen, Witzfiguren aus den Weiten des Alls, das für sie ganz leer ist, die ganzen Himmel über uns, während Rieke überall Spuren des Göttlichen zu erkennen meint, in den Wolkenformationen, den Sternen, klar, wenn Schwärme von Vögel vorüberziehen oder im Sommer alles Stille ist.

Später, im Hotel, sagt sie, dass sie gar nicht weiß, was mit ihr ist.

Es ist der erste Abend unserer Reise, eigentlich der Vorabend. Rieke steht im Bad vor dem Spiegel, ich kann sie vom Bett aus nicht sehen, aber ich weiß, dass sie jetzt vor dem Spiegel steht und mit irgendwelchen Frauensachen beschäftigt ist und dann kurz den Kopf zu mir herausstreckt und sagt, was mit ihr ist.

Ich bin ohne Befund, das ist was mit mir ist. Ist man nicht gesund, wenn man ohne Befund ist?

Und ich: Genau so ist es.

Der kleine Fluss vom Vorabend, der Soeste heißt, erinnert Rieke an die Röhre.

Wenn man krank ist, schieben sie einen in die Röhre, sagt sie, fangen an zu lesen, scheibchenweise, wer und was du bist, wo dein Fehler ist, der Schaden, der dich eines Tages umbringen wird, und wahrscheinlich ist das der schlimmste Zustand, in dem sie sich je befunden hat, so eingezwängt in dieser Maschine, die lauter letzte Wahrheiten über dich herausfindet, ob du sie hören willst oder nicht.

Es ist unser erster Morgen im Norden. Wir haben wunderbar geschlafen, spät gefrühstückt, ein paarmal skeptisch nach dem Wetter gesehen, aber das Wetter ist okay.

Wir könnten ein bisschen am Fluss entlanggehen, meint Rieke, denn es sieht so aus, als könnte man das; aus dem Stadtplan, den wir im Hotel bekommen haben, ist zu ersehen, dass man es besser in westlicher Richtung versucht, und so versuchen wir es.

Rieke geht für ihr Leben gern an Flüssen, obwohl sie die Erfahrung gemacht hat, dass es selten möglich ist; Flüsse sind oft völlig verbaut, sie haben wenig Rechte.

Auch um die Soeste scheint es in dieser Hinsicht nicht gut bestellt zu sein, außerdem ist sie in einem zweifelhaften Zustand, das rötlich-braune Wasser macht einen schmutzigen Eindruck und ist kaum mehr als ein Rinnsal.

Das, was die Stadt Cloppenburg ist, lassen wir schnell hinter uns. Wir passieren die Einkaufszone am Rand, die großen Supermärkte und die Baustellen von noch größeren, während rechter Hand wie geduckt unser kleiner Fluss läuft.

Nachdem wir eine verkehrsreiche Straße überquert haben, ist von der Soeste vorübergehend nichts zu sehen, aber kurz darauf haben wir sie wieder, und siehe da, auf einmal befinden wir uns in einer Art Tal, und hier, im Übergangsbereich zwischen Stadt und Land, scheint sie sich ein wenig zu erholen.

Na endlich, sagt Rieke, weil es fast hübsch hier ist. Die ersten Jogger und Spaziergänger sind zu sehen, an einer Biegung jede Menge Enten, die empört auffliegen, weil wir sie bei ihren Badefreuden stören, womöglich ist das dortige Wasser von der nahe gelegenen Kläranlage etwas erwärmt.

Inzwischen sind wir gut eine Stunde unterwegs. Die Landschaft beginnt sich zu öffnen, Wiesen, Weiden, Waldstücke in allen Kombinationen sind zu sehen, die arme Soeste atmet auf, an einer Stelle fängt sie zu schlängeln an, sie tanzt, sagt Rieke, schau nur, wie sie tanzt.

Wir haben nicht die geringste Ahnung, wohin genau sie fließt, aber jetzt möchte ihr Rieke immer weiter folgen. Kurz darauf verlieren wir sie, finden sie aber später wieder, oberhalb der Stedinger Mühlen, die nur noch als Name existieren und zu der versunkenen Vorgeschichte des Flusses gehören.

Jetzt, am frühen Nachmittag, ist es noch einmal richtig heiß geworden, Rieke zieht ihre Strickjacke aus und geht im blauen Kleid, sie strahlt, sie ist glücklich, und wirklich ist es richtig romantisch, so an einem Fluss spazieren zu gehen, der nicht reguliert oder befestigt ist, sondern sich frei bewegen kann. Riekes Sandalen sind nicht unbedingt das richtige Schuhwerk, denn die uns umgebenden Feuchtwiesen reichen bis an die Kante des Ufers, aber was soll's, Rieke jubelt bei jeder neuen Biegung, über den blauen Himmel, den Graureiher, der dort vorübergehend seine Kreise zieht, ihre nassen Füße, dass sie wieder atmen kann, hier draußen im Cloppenburger Land, wo nur wir beide sind und der gluckernde Fluss und ein paar misstrauisch äugende Rinder.

Nach einer Stunde geht es neuerlich nicht weiter, doch diesmal ist es uns fast recht. Rieke kann nicht mehr, und so stecken wir eine Weile unsere Füße ins Wasser, rauchen, fühlen uns wie mit sechzehn.

Es ist herrlich, ab und zu sechzehn zu sein, und wir haben noch eine ganze Woche, sagt sie.

Und was dann?

Dann haben wir die nächste. Wenn du weiter alles aushalten willst mit mir. Und ich hoffe sehr, dass du das willst.

Ich sei definitiv ihr letzter Mann, hat Rieke kurz vor der Diagnose gesagt, doch jetzt soll ich, wenn es nach ihr geht, noch einmal die Wahl haben.

Du kannst jederzeit raus, sagt sie, nur damit du das weißt, ich komme auch alleine klar, müsste ich dann ja auch.

Sie raucht und sieht mich fragend an, als wäre es ihr völlig ernst, dabei habe ich nie eine Wahl gehabt.

Es ist alles richtig so, sage ich.

Und Rieke: Ja, das ist es. Und das ist das Wunder.

Später, nachdem wir den ganzen Weg zurückgegangen sind und wieder im Wagen sitzen, beschäftigt sie sich noch einmal mit der Karte. Der Maßstab ist sehr groß, trotzdem kann man nachvollziehen, welchen Weg wir ungefähr gegangen sind, wie es weitergegangen wäre, wenn es weitergegangen wäre, aber leider.

Nicht weit von der Stelle, wo wir umgekehrt sind, wird die Soeste nämlich richtig breit, ein kleiner Amazonas, der aber weiter Soeste heißt und dann Thülsfelder Stausee und zuletzt wieder Soeste, immer noch riesig breit, bevor wieder die kleine Soeste daraus wird und nach unendlich vielen Drehungen und Wendungen und mit ein paar Zwischenstationen in die Jümme fließt und so als Jümme zur Leda wird, und diese Leda – oh, Götter – fließt in die Ems und die Ems bei Emden in die Nordsee.

Ich bin sehr froh, dass wir sie kennengelernt haben, sagt Rieke und will sie sich als Beispiel nehmen, denn ist es nicht großartig, wie tapfer sie sich mit wechselnden Namen bis hoch in die Nordsee kämpft?

Vielleicht nehme ich ja auch einen anderen Namen an, wenn alles vorbei ist, sagt sie und will wissen, wie ich das fände, Rieke mit neuem Namen, es fällt ihr auf die Schnelle bloß keiner ein.

Dass wir die Nacht in Dinklage verbringen werden, wissen wir erst, als wir dort sind. Rieke hat im letzten Moment entschieden, dass sie nach Lohne will, aber in Lohne gibt es weiß-der-Teufel-warum kein Zimmer, und so landen wir im benachbarten Dinklage.

Passenderweise hat es wieder zu regnen begonnen, das Hotel, das als einziges freie Zimmer hat, liegt direkt an einer verkehrsreichen Straße und sieht wie eine üble Absteige aus.

Na, komm, sagt Rieke. So ist Reisen. Es geht nicht alles glatt, auch im Leben bekanntlich nicht.

Sie findet das Hotel – na ja – charmant, irgendwie cool, weil alles so abgewetzt ist, so »retro«, obwohl es gar nicht »retro«

ist, sondern einfach nur alt – der Portier, der womöglich der Besitzer ist, seine freundliche Frau, die uns spätabends eine Karaffe Wein fürs Zimmer macht – alles wie in einem Tatort aus den frühen Siebzigern.

Das Frühstück am nächsten Morgen ist okay, aber weil es weiterhin regnet, wissen wir nicht, was tun, zurück ins Bett oder doch unerschrocken raus und durch den Burgpark spazieren, wie die Hotelleute vage empfehlen und dann auch noch das Museum in Lohne erwähnen, an dem wir gestern schon vorbeigekommen sind.

Rieke geht nicht sonderlich gern in Museen, aber in dem in Lohne gefällt es ihr, man weiß gar nicht, wo man mit dem Schauen anfangen soll, denn die Vergangenheit ist doch sehr bunt und auch schön aufgeräumt.

In Lohne wird seit Jahrhunderten nur geschuftet, lernen wir. Es ist erstaunlich, was dort alles hergestellt worden ist – Zigarren, Pinsel und Schreibfedern, in jüngerer Zeit alles Mögliche aus Plastik, das in großen Vitrinen zu besichtigen ist, dazu alte Maschinen und Werkzeuge, zwei, drei Puppen, die den arbeitenden Menschen vergangener Zeiten darstellen, sogar ein kleines, niedliches Automobil ist in Lohne vorübergehend gebaut worden; das im Museum ist feuerrot.

Ich mag ja Dinge, sagt Rieke auf dem Weg zum nächstgelegenen Café. Obwohl ich mich frage, warum in Museen immer alles so aufgeräumt sein muss. Wann bitte ist das Leben je so aufgeräumt? Kannst du mir das sagen?

Ich kann ja nicht mal meinen Schreibtisch aufräumen, sagt sie.

Ich hoffe, du behauptest später nicht, ich hätte immer einen aufgeräumten Schreibtisch gehabt.

Sie lächelt, wir sitzen beim zweiten Kaffee in einer Bäckerei, keiner von uns denkt an das, was vor uns liegt, jedenfalls hoffe ich das, aber trotzdem; »na, du weißt schon, trotzdem.«

Lüg nicht über mich. Man soll nicht lügen im Nachhinein, jedenfalls nicht nur.

Jetzt wirkt sie erstmals wieder bedrückt. Sie hat sich seit Wochen immer nur um sich selbst gedreht, ihr fehlt die Arbeit, sagt sie, live am Mikrofon, wenn sie das Gefühl hat, mit den Leuten da draußen verbunden zu sein; seit sie nicht mehr arbeitet, fühlt sie sich wie aus der Welt gefallen.

Ich weiß, sage ich.

Nicht zum ersten Mal denke ich, dass ich letztlich nicht viel für sie tun kann, auch nicht auf dieser Reise; ich fahre sie herum, bezahle die Hotels, passe auf sie auf, rede, wenn sie das will, schweige, fahre.

Ich bin immer gerne mit Rieke gereist, mehr oder weniger planlos, denn Rieke macht nicht gerne Pläne.

Okay, was nun, sagt sie.

Von Lohne haben wir beide, ehrlich gesagt, genug, also beschließen wir, ein bisschen in der Landschaft herumzustöbern, östlich von Lohne, so die Landkarte, liegt ein großes Moorgebiet, vielleicht gibt es da ja etwas Interessantes, Torfstecher bei der Arbeit, Baggerfahrer, eine Moorleiche, scherzt Rieke, was wohl heißen soll, dass ab jetzt wieder der leichte Ton auf Reisen gilt.

Die Bäcker- und Kaffeefrau kennt sich mit Mooren zufällig aus, sie geht gelegentlich dort spazieren, weiß auch einen Ort, wo man etwas zu sehen bekommt, obwohl ihre Angaben nicht sonderlich präzise sind.

Huhu, macht Rieke, als rechnete sie mit dem Allerschlimmsten dort im Moor, Tote und Verletzte eingeschlossen.

Als Touristen nehmen wir selbstverständlich an, dass Moor und Torfstecher nur darauf warten, von uns besucht zu werden, doch das Gegenteil ist der Fall, es gibt kein einziges Schild, das den Weg weist, und die Straße, die laut Rieke in seine Nähe führen müsste, ist an den entscheidenden Stellen gesperrt.

Über eine Stunde irren wir herum, versuchen es über Wege, die nicht mal das Navi kennt, überlegen, ob wir es lassen, und dann – oh Wunder – erwischen wir den richtigen Abzweig und sind da.

Das Moor, muss man sagen, ist eine einzige Enttäuschung. Von Torfstechern keine Spur, aber da drüben, ziemlich weit weg, wird ohne Zweifel Torf abgebaut; ein paar Bagger stehen am

Straßenrand, wobei die Straße streng genommen keine Straße ist, sondern ein langes, mit Torf bedecktes Beet, entsprechend kommt man nur im Schneckentempo voran.

»Und da wären wir nun«, sagt Rieke so in ihrem Radio- und Reporterton, und in diesem Moment, wie soll ich sagen, weiß ich, wie lieb und teuer sie mir ist, denn mit wem, außer mit Rieke, kann man stundenlang durch die Gegend fahren, um am Ende eine Handvoll Torf durch die Finger rieseln zu lassen, was doch reichlich bescheuert ist, zumal wir in der Garage, glaube ich, noch zwei Säcke haben.

Also mach dich gefälligst nicht aus dem Staub, denke ich. Ich brauch dich nämlich noch.

Und jetzt lächelt sie und sagt, dass sie das alles sehr mag.

Ich reise gerne mit dir.

Jadebusen, sage ich.

Ich möchte gerne an deinem Jadebusen liegen.

Super Idee, sagt Rieke, dann fahren wir nach Nordenham.

Die Operationsnarbe an ihrer linken Brust ist nicht sehr groß, auf den ersten Blick kaum zu sehen, aber sie ist da, und ich darf sie berühren, ich darf sie küssen.

Rieke beruhigt es, wenn ich sie wie etwas zu ihr Gehörendes betrachte, jetzt, am Morgen, im Hotel am Markt in Nordenham, wo wir am Vorabend Matjes mit Bratkartoffeln gegessen haben und demnächst zum Frühstück gehen werden, aber noch nicht gleich, denn Rieke hat sich mal wieder in die Karte vertieft, sie liegt nackt im Bett und runzelt die Stirn, was machen wir um Himmels willen in Nordenham.

Reisen ist ganz schön anstrengend, beschwert sie sich. Dauernd muss man etwas entscheiden.

Heute ist Hafentag, schlage ich vor, weil Nordenham einen Hafen hat. Erst Hafen, und dann Meer.

Meer finden wir beide ziemlich gut, den Hafen von Nordenham eher so lala, denn man kommt nicht richtig ran, also fahren wir ein Stückchen weiter nach Norden, wo die Fähren ins gegenüber liegende Bremerhaven abgehen.

Fahren von dort nicht die Schiffe nach Amerika?

Komm, lass uns nach Amerika fahren.

Es ist hundert Jahre her, dass wir beide in Amerika gewesen sind, wir könnten es einfach tun, hier und jetzt, die Fähre ist abfahrbereit, wir müssten nur über die Weser setzen und wären praktisch da.

Ja, möchtest du?

In der Stimmung von gestern Abend hätte Rieke wahrscheinlich »Ja, unbedingt« gesagt, aber jetzt sagt sie fast ruppig »Nein«, weil es doch völlig unmöglich ist.

Oh, Mann, sagt sie. Manchmal ist es schwer, noch an etwas zu glauben. Schau, wie schön die Sonne scheint.

Erst oben an der Küste beginnt sie sich wieder zu entspannen. Wir parken irgendwo am Deich, parken etwas zu früh, denn bei Burhave ist doch neuerlich alles ziemlich verbaut, aber das ist Rieke egal, sie möchte jetzt nur gehen und alles auf sich wirken lassen, die vage salzige Luft, die unvermeidlichen Möwen, die gerade nicht sonderlich geschäftig sind, das vorherbstliche Blau des Himmels, die weißen Tupfer hie und da, als wäre es für ein paar Stunden noch einmal Sommer.

Irgendwie hat sie das Gefühl, hier schon einmal gewesen zu sein.

Warte, sagt sie.

Irgendwann passieren wir einen kleinen Hafen, und ab da ist alles, wie es sein soll, still und weit. Weit im Osten sind die verschwommenen Silhouetten der Ladekräne von Bremerhaven zu sehen, einmal zieht eine roter Fischkutter vorbei, und sonst nur Wege, Wiesen, das Wasser, gelegentlich Kühe, Leute wie wir, die auf Wanderschaft sind und sich den kargen Schönheiten der Deichlandschaft überlassen.

Ja, hier. Ich bin fast sicher. Ach, wie schön.

Es ist nur ein vages Gefühl, sie hat kein einziges Bild, warum hat man bloß so wenige Bilder aus den ersten Jahren.

Hallo Kuh. Habe ich dich nicht schon mal gesehen?

Tiere sind seltsam, sagt Rieke. Ob sie ahnen, dass sie sterben müssen? Sie schauen dich an, und du denkst, sie möchten, dass du sie rettest, dass du sie auf der Stelle hier wegholst. Mir jedenfalls geht es so.

Wir könnten immer weiter bis auf die andere Seite des Jadebusens gehen, aber irgendwann haben wir genug, wir brauchen eine Pause, ein Café, doch ein Café gibt es nur landeinwärts in Langwarden, wenn das Plakat nicht lügt, und zum Glück sagt es die Wahrheit.

Oh weh, meine armen Füße, sagt Rieke. Müssen wir wirklich den ganzen Weg zurück? Ja, das müssen wir.

Auf dem Rückweg sind wir eher still. Wir gehen direkt am Deich, aber diesmal auf der Landseite, wo außer ein paar Häusern nicht viel zu sehen ist, aber eben deshalb breitet sich eine neue Ruhe in uns aus. Wir gehen, achten auf unsere Schritte, atmen, manchmal Hand in Hand, dann wieder nicht, aber die Hauptsache ist, dass wir gehen, ohne groß zu sprechen, obwohl wir uns zweifellos in einer Art Gespräch befinden, etwas miteinander verhandeln, uns wappnen und im nächsten Moment wieder nur gehen, in diesem Stück freundlicher Zeit, das uns die Umgebung schenkt, die Götter aus dieser Umgebung oder wer immer.

Es ist fast sechs, als wir in unseren Wagen steigen. Rieke möchte ein bisschen Musik hören und legt Delmenhorst von Element of Crime auf. Nur so als Vorschlag, meint sie, da wir nun schon mal in der Gegend sind, außerdem interessiert sie das mit der Straße der Verdammnis, die in dem Song besungen wird, diese Straße würde sie gerne mal mit mir gehen.

Ich kann mich nicht erinnern, wann Rieke zuletzt gesungen hat, aber jetzt singt sie. »Ich bin jetzt da, wo ich mich haben will, und das ist immer Delmenhorst«, singt sie, »erst wenn alles scheißegal ist, macht das Leben wieder Spaß«.

Bist du je in Delmenhorst gewesen?

Und sie: Ja, ja, das heißt nein, ich hatte mal einen Lover, der von dort kam, aber das war kurz vor Beginn der Steinzeit.

Rieke hat mir von diesem Lover nie erzählt, das nehme ich ihr kurz übel, aber das ändert nichts daran, dass mir Delmenhorst auf Anhieb gefällt. Ich mag das Hotel am Bahnhof, die Gesichter aus aller Herren Länder, die es in der Gegend gibt, das Akropolis um die Ecke, das der Portier – oh, der Humor der Götter! – wegen seiner guten Küche empfiehlt; die Tsatsiki-Küsse von Rieke später auf unserem Zimmer mag ich und dass sie bis in den Halbschlaf mit ihrem Liebhaber aus Delmenhorst kokettiert.

Rieke ist kein einziges Mal in Delmenhorst gewesen, nicht dass sie wüsste jedenfalls, denn der Narr von Liebhaber hat sie nach wenigen Wochen verlassen, damals, als sie gerade nach Hamburg gezogen war, »Sag' Bescheid, wenn du mich liebst«.

Und damit sind wir wieder bei dem Song.

Rieke möchte ihn sich gerne mal näher »anschauen«, erklärt sie beim Frühstück, hinter Huchting den Graben, der weder breit noch tief ist, den »Getränke Hoffmann«, der dann gleich kommt, und danach die Straße der Verdammten, »die hier Bremer Straße heißt«.

Nach Huchting ist es mit dem Wagen eine Viertelstunde. Es handelt sich um einen nichtssagenden Vorort von Bremen, der direkt in Delmenhorst übergeht oder umgekehrt das niedersächsische Delmenhorst in diesen Bremer Vorort, wir überschreiten also eine Grenze, und die Grenze ist der erwähnte Graben, er hat auch einen Namen, Varrelgraben, und ist nicht weiter spektakulär.

Rieke macht trotzdem ein paar Fotos mit ihrem Handy; dass wir eine Grenze überschreiten, gefällt ihr, sie zitiert ein paar alte Gefühle, »Es ist schön, wenn's nicht mehr wehtut und wo zu sein, wo du nie warst«, das ist in etwa ihre Stimmung.

Wir gehen ein Stück die Bremer Landstraße hinauf, aber auch da ist nicht viel, sie ist ewig lang, von einem »Getränke Hoffmann« keine Spur.

Wir gehen zurück zum Wagen und fahren die Bremer Straße stadteinwärts, halten weiter Ausschau, links und rechts, doch vergeblich. Es gibt keinen »Getränke Hoffmann« in Delmenhorst; hat es vielleicht mal gegeben, gibt es aber nicht mehr. Wir können es ja mal googeln, sage ich, und tatsächlich befindet sich der nächste »Getränke Hoffmann« in Oldenburg.

Ich verstehe nicht, was genau Riekes Problem ist, ein Songtext weicht von der Wirklichkeit ab, er verspricht etwas, was er nicht hält, na gut, er lügt, wie Rieke sagt, und sie mag nicht, wenn man sie belügt.

Sie versteht es selbst nicht und lässt sich auch nicht beruhigen, als wir wenig später einen Getränkemarkt entdecken, der vielleicht mal ein »Getränke Hoffmann« gewesen ist, aber jetzt bricht sie in Tränen aus, auf dem Parkplatz an der Straße der Verdammnis, die hier Bremer Straße heißt.

Ziemlich lange weint sie nur. Es dauert ewig, bis sie etwas sagt, sie sitzt nur da und weint, neben mir auf dem Beifahrersitz.

Sie hat zwei mal zwanzig Bestrahlungstermine hinter sich, die OP, aber die Ärzte sind der Meinung, dass das nicht reicht.

Ich bin so mutlos heute.

Ja, sage ich.

Bin ich dir gestern Nacht nicht völlig gesund vorgekommen? Hat dir etwas gefehlt? War ich nicht jede Sekunde die Rieke, die du kennst?

Sie lächelt, sie schnieft, während wir beide noch einmal die Szenen Revue passieren lassen, jeder für sich, wobei wahrscheinlich nicht alle Details übereinstimmen.

Ich möchte mir einen neuen Koffer kaufen, sagt Rieke.

Einen Koffer?

Ich weiß, verdammt noch mal, nicht, was das Richtige ist.

Deshalb sind wir hier.

Reisen mit dir ist schön, sagt sie. Du willst so wenig, wenn du unterwegs bist, und das kann ich gerade gut gebrauchen.

Wir fahren zurück ins Zentrum, parken irgendwo, suchen uns ein Café in der Fußgängerzone, wo wir ewig lange in der Septembersonne sitzen, finden Delmenhorst angenehm hübsch, entdecken einen kleinen Fluss, all die kleinen schmuddeligen Stellen, die es in Delmenhorst erfreulicherweise gibt, zweifelhafte Diskotheken und russische Läden, und zuletzt ein Geschäft, wo es Koffer in allen Größen und Farben gibt, auch einen feuerroten, den Rieke sofort will und dann am Abend, in unserem Hotelzimmer in Jever, in Besitz nimmt, denn Rieke liebt rote Koffer über alles.

Nach der gestrigen Krise findet Rieke es tröstlich, in einer Stadt wie Jever zu sein. Eigentlich mag sie Puppenstuben ja nicht, aber heute doch; heute ist es genau das Richtige. Sie freut sich über die dümmsten Sachen: die wartende Hochzeitsgesellschaft vor dem Schloss, die albernen Pfauen im dazugehörigen Park. Auch das kleine Bordell mit der roten Neonröhre findet freundliche Erwähnung, die schönen bunten Spielzeughäuser, die Gassen, Licht und Schatten in diesen Gassen, die fernen Brauereitürme, die in der Sonne blitzen, das kleine Café am Kirchplatz, in das wir uns setzen, weil Rieke bei Kaffee und Wasser am besten herausfindet, was sie als Nächstes tun möchte.

Insel fände sie heute zur Abwechslung mal gut; als Kind, glaubt sie sich zu erinnern, ist sie mal auf einer der Inseln hier gewesen.

Wir könnten mit der Fähre nach Spiekeroog fahren, lautet ihr Vorschlag, und einen Nachmittag nur Insel um uns haben bzw. das Meer, das um die Insel herum ist.

Der Ort, von wo die Fähre abgeht, Neuharlingersiel, ist nur eine halbe Stunde von Jever entfernt, wenn wir Glück haben, sind wir in einer Stunde da, sagt sie unterwegs, doch die letzte Fähre verlässt gerade den Hafen, als wir Neuharlingersiel erreichen.

Für einen ziemlich langen Moment habe ich von der Reiserei genug. Es ist kurz nach zwölf, den Tag auf der Insel können wir vergessen, aber Rieke tut, als wäre das nicht weiter schlimm und zieht mich nach drüben in den kleinen Fischereihafen, wo diverse Schiffe aus dem Goldenen Zeitalter der Krabbenfischerei vor Anker liegen und eines in Kürze noch mal raus fährt, natürlich nicht auf die Insel, aber bis nahe an die Stelle, wo vor Langeoog die Seehunde liegen.

Ich scheine einen überraschten Eindruck zu machen, denn Rieke sagt, ja, ja, hier im Norden gibt es wirklich Seehunde. Hier bei uns, sagt sie; ein Schiff namens Gorch Fock, das selbstverständlich nicht die richtige Gorch Fock ist, wird uns bringen, zwei Stunden Fahrt für zusammen 30 Euro.

Es wollen jede Menge Leute aufs Schiff. Wir ergattern gerade noch einen Platz vorne links am Bug, über dem Hafen liegen schwere Wolken, während Richtung Insel weiter die Sonne scheint. Rieke zieht ihre Regenjacke eng an sich heran, und dann setzen wir uns in Bewegung, Rieke nickt, es geht los.

Hinter uns sieht man in einem kleiner werdenden Streifen die von dunklem Gewölk überdachte Küste, die in beide Richtungen mit unzähligen Windrädern bespickt ist, aber Rieke dreht sich kein einziges Mal um. Sie wirkt still und konzentriert, es gefällt ihr, sich beim Fahren den Wind durchs Haar pusten zu lassen, ich denke: wie das Mädchen aus den späten Siebzigern, das sie gewesen ist, dieses beladene, nördliche Mädchen.

Ich würde gerne wissen, was sie jetzt denkt, aber womöglich denkt sie gar nicht viel, denn Rieke ist der Meinung, dass die Gedanken sich irgendwie selber denken müssen, im Grunde könne man für seine Gedanken nicht viel tun.

Sonderlich nah kommen wir den Seehunden nicht, aber natürlich ist es sehr nett von ihnen, dass wir sie ohne Weiteres beobachten dürfen, wie sie im flachen Wasser liegen und leise schaukelnd in die Sonne blinzeln, man hätte glatt Lust, sich zu ihnen zu gesellen.

Siehst du die Heringsmöwe da drüben?

Es ist das erste, was Rieke seit einer Stunde sagt, sie sieht müde aus und sagt genau das: dass sie sehr müde ist.

Bringst du mich in ein Hotel?

Westerstede, findet sie, klingt ganz nett, also fahre ich uns nach Westerstede, wo sie im Hotelzimmer auf der Stelle einschläft und sich zwei Stunden kaum bewegt. Ich frage sie, ob alles in Ordnung mit ihr ist, und Rieke sagt, ja, ja, alles okay, ich bin nur auf einmal so verschlafen.

Weil sie nicht mehr groß auf Restaurantsuche gehen will, setzen wir uns zum Essen in den kleinen Biergarten, der zum Hotel gehört. Eigentlich wird draußen heute nicht bedient, aber auf Nachfrage schließlich doch, es gibt Matjes mit Bratkartoffeln, die nicht ganz so gut sind wie die in Nordenham, aber immerhin, Rieke isst, möchte dann aber so schnell wie möglich aufs Zimmer, wo sie sich sofort auszieht und bis zum nächsten Morgen weiterschläft.

Gegen Morgen werde ich davon wach, dass Rieke im Schlaf spricht. Es nicht ungewöhnlich, dass sie das tut, insofern mache ich mir keine allzu großen Sorgen. Ich kann kein Wort verstehen, trotzdem ist klar, dass es etwas Wichtiges ist, sie wirkt nicht sonderlich aufgeregt, eher ruhig, sie erklärt etwas, ungefähr in dem Ton, in dem ich meinen Schülern etwas erkläre, also hört zu, ich sage es gerne noch mal.

Rieke? sage ich, aber sie hört nicht auf, es immer weiter zu erklären; vielleicht bin ja ich es, dem die Erklärung gilt, das, was wirklich mit ihr los ist. Offenbar höre ich nicht richtig zu, denn jetzt beginnt sie die Geduld zu verlieren, es ist deutlich zu merken, wie ungehalten sie ist, mit mir, denn jetzt sagt sie meinen Namen, was ja heißt, dass ich mich auf alles Mögliche gefasst machen kann, die Wahrheit, wenn es so etwas wie eine Wahrheit zwischen uns gibt, doch dann seufzt sie nur und schläft ohne ein weiteres Wort weiter.

Rieke lacht, als ich ihr am Morgen davon erzähle. Sie findet es abwegig, dass sie mir auf diese Weise irgendwelche Wahrheiten unter die Nase reiben könnte, denn welche Wahrheiten sollen das bitte sein außer den altbekannten.

Ich mach dir Kummer, das ist die Wahrheit, sagt sie. Und so einen Kummer wollte ich dir bestimmt nie machen.

Draußen kündigt sich ein sonnig-warmer Tag an. Wir schlendern kurz durch Westerstede, wo alle möglichen Baumkünstler beheimatet zu sein scheinen, denn es gibt allerlei französisch Getrimmtes, auf dem zentralen Platz Buchenhecken weit oben in den Lüften, wie wir sie noch nie gesehen haben.

Im Hotel haben sie uns einen Ausflug in den Park der Gärten in Bad Zwischenahn empfohlen. Man könne an die hundert Gärten dort besichtigen in Bad Zwischenahn, vom alpenländischen bis zum japanischen sei praktisch alles vorhanden, und heute, bei diesem Wetter, seien sie einen Ausflug wert.

Zweieinhalb Stunden laufen wir über das weitläufige Gelände. Jetzt, Ende September, ist die Blütenpracht schon etwas reduziert, dennoch gibt es jede Menge zu sehen, den farbenprächtigen Wein, kleine Rudel Herbstzeitlose, eine bunte Heidelandschaft, einen begehbaren Bienenstock. Rieke fotografiert pausenlos, sie bückt und dreht und reckt sich, muss noch ein zweites Mal in den etwas abgelegenen Bauerngarten, der für sie der allerschönste ist, ein hübsches Durcheinander aus Gemüse, Kräutern, Blumen und Sträuchern, ungefähr so unaufgeräumt wie ihr Schreibtisch.

Da wir schon mal da sind, fahren wir später noch an den Zwischenahner See, der merkwürdigerweise Meer heißt. Rieke googelt es natürlich gleich, und tatsächlich war hier vor Urzeiten alles Meer, und der See ist der Rest; irgendein unterirdischer Salzstock, der von Delmenhorst bis Leer reicht, ist vor sage und schreibe 12.000 Jahren zusammengebrochen, und seither haben sie in Bad Zwischenahn ein schnuckeliges, kleines Meer.

Es ist jede Menge los in Bad Zwischenahn, wir haben Mühe, einen Parkplatz zu finden, zum Glück wird vor dem Strandcafé gerade einer frei. Es weht ein kühler Wind, trotzdem nehmen wir einen der Tische am Wasser, bestellen eine Kleinigkeit zu Essen, rauchen, schauen den ein- und ausfahrenden Ausflugsdampfern zu, halten uns an den Händen, denn jetzt, da die Reise zu Ende geht, fühlen wir uns – wie soll man sagen – weniger geschützt, als wären wir wie eines dieser berühmten Verbrecherpärchen einfach abgehauen und würden eben in diesem Moment begreifen, dass eine Flucht nicht möglich ist.

Was das eigentlich bedeutet, dieses freundlich klingende »Onko«, will sie wissen.

Gibt es etwa einen kleinen, fiesen griechischen Gott, der Onko heißt?

Sie lacht, und ich sage nein, »onko« bedeutet »groß an Umfang, geschwollen«; ein Onkologe sei also ein Experte für geschwollene Dinge, und das, findet sie, klingt dann doch gar nicht so zum Fürchten schlimm.

»Fürchte dich nicht«, sagt sie.

Sie hat sich nicht sonderlich furchtsam in Erinnerung, damals, als Oldenburger Mädchen, das sie geblieben ist und bis vor Kurzem in dem Glauben lebte, dass ihr nichts Schlimmes passieren könne.

Du bist toll, sage ich. Ich würde jederzeit den Hut vor dir ziehen.

Und tatsächlich stehe ich kurz auf und mache eine Verbeugung, mehr eine Andeutung davon, aber immerhin, sie lächelt und möchte, dass wir jetzt Schluss machen hier an diesem komischen Meer und uns nach Oldenburg begeben.

Sie wird es schaffen, denke ich, während ich Rieke nach Oldenburg bringe, obwohl ich in Oldenburg noch einmal erschrecke, oben im Hotelzimmer, nachdem wir eingecheckt haben, denn das Zimmer ist ganz weiß, Kissen, Decken, Nachtkästen, und mitten in diesem Weiß liegt Rieke in ihrem schwarzen Kleid, wie eine Tote in einer Aufbahrungshalle, denke ich; nur sehr kurz, aber ich denke es.

Rieke findet das Zimmer großartig, und tatsächlich ist es das mit Abstand beste der Reise; auch das Essen nebenan im Bistro ist vom Allerfeinsten, sodass wir fast vergessen, warum wir hier sind. Wir sind einfach nur hier.

Auf unsere Reise, sagt sie. Auf alle, die noch kommen.

Auf dich. Auf die Götter, sage ich.

Wir werden sie noch brauchen.

Rieke ist gebürtige Oldenburgerin, aber zu meiner Überraschung will sie von Oldenburg nicht viel wissen, führt mich zu ihrem alten Kindergarten, irgendeinem Haus, in dem sie damals die kleine Rieke gewesen ist, aber was hat sie mit dieser Rieke noch zu schaffen.

Wir überlegen, eine kleine Hafenrundfahrt zu machen, die aber wegen schlechten Wetters ausfällt, und so laufen wir bei Nieselregen durch die mäßig belebte Innenstadt und wissen nicht recht, wozu. Ich bräuchte dringend ein paar Sachen für den Winter, also probiere ich in ein paar Läden Hosen und Mäntel für den Winter, während Rieke lange mit einem dunkelblauen Kleid liebäugelt und es dann in letzter Sekunde nicht nimmt.

Lass uns ins Hotel gehen, sagt sie.

Und was machen wir mit Oldenburg?

Keine Ahnung, sagt sie. Ist es schlimm, wenn wir Oldenburg verpassen?

Sie wüsste nicht, was schlimm daran sein soll. Ihr ist kalt, sie möchte ins Warme, im Hotel gibt es eine Wanne, ich glaube, ich möchte in die Wanne.

Zurück im Zimmer zieht Rieke Bilanz.

Nimmst du mich in den Arm?

Okay, was haben wir die Tage gemacht, sagt sie in meinem Arm. Ich zähle dir mal auf, was wir alles gemacht haben. Was ich davon noch weiß, denn einiges habe ich sicher schon vergessen.

Den Fluss weiß sie noch, das kleine Bordell in Jever, die sich in der Sonne räkelnden Seehunde, das Akropolis, eins und zwei, die Deichlandschaft, Meere und Himmel, die Windräder und Kühe; dass wir den verdammten »Getränke Hoffmann« nicht gefunden haben.

Dich weiß ich natürlich noch, fügt sie hinzu. Deine Gesichter morgens und abends, wie du fährst, wie du auf mich aufpasst, obwohl ich ja manchmal denke, dass man auf dich noch mehr aufpassen muss.

Und nun komm, sagt sie, weil ihr immer noch kalt ist und wir im besten aller denkbaren Hotels in Oldenburg sind und das außer uns niemanden auf der Welt interessiert.

Später, in der Wanne, sagt sie, dass sie vielleicht eines Tages in den Norden ziehen möchte.

Alles in allem bin ich doch ziemlich nördlich, habe ich festgestellt.

Drüben im Zimmer läuft die Wahl, wir haben ganz vergessen, dass heute Wahl ist bzw. schon gewesen ist, es gibt die ersten Kommentare, aber das hat Zeit.

Rieke will, dass ich mich zu ihr setze, vorne auf den Rand, oder wo immer ich mich setzen will.

Und nun hör gut zu.

Ja? frage ich.

Ich mache es nicht. Meine Werte sind eine Katastrophe, aber das Zeug ist verkapselt, und so lange das so bleibt, mache ich weiter nichts, und das ist, wie es sein wird, onkologische Ratschläge hin und her.

Gut, sage ich, weil ich glaube, dass sie jedes Recht dazu hat, in diesem Moment jedenfalls glaube ich es, es ist das Ergebnis unserer Reise, deshalb haben wir sie gemacht.

Sie sieht mich an, ein bisschen verschwommen, postkoital benebelt, obwohl es das nicht ist. Sie ist sehr jung in diesem Moment, sie lebt, was möchte ich anderes, als dass sie immer weiter lebt, unter dem Schutz der Götter, wie sie hofft, sie glaube ja weiterhin, dass da jemand ein Auge auf uns hat.

Es reicht ja schon einer, findet sie. Oder etwa nicht?

Der gute Gott von Oldenburg, sage ich.

Und sie: Und jetzt feiern wir.

Draußen ist noch einmal die Sonne herausgekommen, wir könnten nebenan in der Passage essen gehen, aber Rieke möchte, dass wir bleiben und etwas aufs Zimmer bestellen, was wir später auch tun, vier Gambas im Knuspermantel mit Chili-Mayonnaise und Mango-Chutney und dann die Burrata per due mit Rucola, Kirschtomaten und altem Balsamico.

Ich lade dich ein, sagt sie.

Sollen wir Champagner bestellen? Ja, das sollen wir. Ich fühle mich wirklich wie neugeboren.

Wir finden es beide herrlich, im Bett zu essen, die kleinen Unglücke, die es dabei gibt, doch dafür sind wir in einem Hotel, und wir essen alles bis auf das letzte Fitzelchen auf.

Nach dem Essen schauen wir eine Weile Wahl, und dann ist es immer noch erst acht, Rieke möchte runter an die Bar, wo wir um diese Zeit die einzigen Gäste sind und niemand etwas von uns will; man nimmt aus dem Regal irgendeine Flasche und schreibt in ein aufgeschlagenes Buch, was und wie viel man getrunken hat, und mehr ist nicht zu tun.

Irgendwann schauen wir uns die Fotos an, die sie mit dem Handy gemacht hat, und ich bin überrascht, was sie alles gesehen hat.

Ihre Bilder haben etwas Einfältig-Klösterliches, wenn ich das richtig sage; es gibt keine Menschen, eigentlich nur gestaffelte

Fläche, Variationen über das, was ineinander übergeht, Himmel, Erde, Wasser.

Das ist für sie der Norden.

Keine Ahnung, was der Norden für mich ist, sagt sie.

Heißt fotografieren nicht immer, sich selbst porträtieren?

Insofern hätten wir auch zu Hause bleiben können, scherzt sie.

Nein, sage ich.

Ja und Nein.

Das Schwierigste ist das Nachhausekommen.

Odysseus hat sein halbes Leben mit dem Nachhausekommen verbracht, sage ich.

Und sie: So viele Baustellen gibt es nicht mal auf der A 2, dass wir ein halbes Leben brauchen, bis wir zu Hause sind.

Ich mag es ja, mit dir nach Hause zu kommen, sage ich.

Ja, sagt sie. Das geht mir auch so.

In der Mitte der Weite
Eine Rundreise durchs Oldenburger Land

Die weiten Felder im tiefen Nordwesten, westlich von Bremen, unterbrochen, vor dem Seewind geschützt durch Waldinseln, geometrisch anmutenden Waldungen.
Auch die Kühe, im Widerstand gegen den Wind, rebellische Rinder, fleckig wie das platte Land.

Der Oldenburger Entomologe erzählt von Libellen, ihrem Schwirrflug, den Häuten, die sie abstreifen, bleistift-, schraubenziehergroß.
Er lebt in seinem auf den Hund gekommenen Bungalow am Stadtrand, die Frau hat ihn verlassen, die Töchter sind längst ausgezogen, um in Übersee zu studieren. Er ist im Widerstand gegen die geplante Küstenautobahn, die Landschaftsvernichtung ist immens in seinen Augen, und er schwört unverbrüchlich auf Pink Floyd.
Er wirkt libellengleich, selbst wenn er im Lampenschein am Schreibtisch sitzt, gebeugt über den Laptop wie über ein Opfer.
An den Wänden überall Teiche, Gräser, Moore, Seen.
Einmal frage ich ihn, ob er wisse, dass Klaus Störtebekers Piratenschiff angeblich Die schnelle Libelle hieß, und ein andermal erzähle ich ihm von meinem Gedicht *Libellenbrief* und muss es ihm daraufhin vorlesen.
Es sei sehr gelenkig, sagt er.
Nichts Gelenkigeres, sagt er, als eine Libelle.

Die Sterne, die Sternbilder nachts über Oldenburg – Hintergrund ein tiefes Schwarz, schwarze Tiefe. Während es in den Gärten knackt, denn da schurren und scharren versteckt die Tiere.

Alles schläft. Aber die Natur wacht, als gelte es sich zu wappnen – wovor? Einem wie mir?

Die Brötchen in dem Oldenburger Vorort tragen eine einge-
brannte Initiale – als hätte man sie eigens für dich gebacken an
diesem Morgen.

Im Oldenburger Land, heißt es, werde ab und an noch ein Uhu
an ein Tor genagelt, zur Abschreckung, als Zeichen gegen den
Teufel? Kaum einer dürfte sich das heute noch trauen. Meine Jüngste erzählt einen Witz: »Was sitzt auf dem Baum und
winkt? – Ein Huhu.«

In Brake war das Weite

In Brake war das Weite   zu fühlen. In Brake
hörten die Seemöwen   sich so zeitlos an.
In Brake küsste ich dich   und es war egal,
wo wir waren. In Brake   klingelte unten
am Strom dein Handy und   hast du mit der
Welt telefoniert. In Brake   war das völlig
okay. Ich liebte dich mehr   als alles andere
auf der Welt in Brake.   Und es gab vieles
in Brake, was infrage kam.   Es gab drüben
Harriersand und gab hier   Brake, was hieß,
es gab hier Brake und drüben   Harriersand –
Weite und Stille, für die   Brake stand. Und
die Weser. Und dazwischen   das dünne Land,
zu dem eine Fähre fuhr,   wovon der Kapitän
jedoch abriet. Es sei zu   still dort. Gehen Sie,
gehen Sie lieber weiter,   weiter durch Brake!
In Brake gab es fraglos   das Weite, die See
und Georg von der Vring,   der sich nicht
sicher gewesen war, wie   entscheiden, ob
ein Mensch sein oder   einer, dem gleich
ist, was es heißt,   Mensch zu sein. Schade,
und selber schuld,   aus Ihnen hätte einer
werden können, ein   Dichter, Herr von der
Vring aus Brake,   der später Dylan Thomas
übersetzte. Immerhin   gab es in Brake ja den
Optischen Telegrafen –   – Zeichen, teleport-
tiert über Strom und Land.   Ja, es gab Brake!
Es gab Brake in der Nähe   und im Weiten!
Es gab uns! Dich gab es,   mich, die Musik
des Weiten, ja sogar der   Weser. In Brake
lernte man als Kind Block-   flöte spielen. In
Brake waren alle Block-   flöten Seemöwen.

Der weithin sichtbare Optische Telegraf von Brake an der Unterweser lässt mich durch die Geschichte telegrafieren, und ich lese, dass auf Kirchtürmen oder eigens dazu errichteten Gebäuden im Verlauf der etwa 70 km langen Strecke zwischen Bremerhaven und Bremen kreuzförmige Signalmaste montiert waren, an deren drei freien Armen je ein drehbarer, über Seilzüge zu bedienender Flügel acht verschiedene Positionen einnehmen konnte.

Aus den 512 möglichen Stellungen wurden bestimmte für das Alphabet und einige Sonderzeichen festgelegt. Diese Signale las man von der jeweils nächsten, gut zehn Kilometer entfernten Station mittels Fernrohren ab und gab sie weiter. Die Stationen auf der Weserlinie waren Bremerhaven, Dedesdorf, Brake, Elsfleth, Rekum, Vorbrock, Vegesack, Oslebshausen und Bremen. Die 1846 eingerichtete Querverbindung Bremerhaven – Elmlohe – Bederkesa – Lamstedt traf bei Hechthausen auf die Elblinie.

Der Braker Telegraf, 1846 erbaut und nur etwa sechs Jahre lang in Betrieb, bis er als veraltet galt, meldete mittels seiner Vorrichtung auf der Turmspitze in die Wesermündung einfahrende Schiffe. Die Telegrafisten hatten zu übermitteln, welche Waren das Schiff geladen hatte, wie viele Mann zum Entladen gebraucht wurden oder ob das Schiff unter Quarantäne stand – Informationen, die möglichst vor Anlegen des Schiffs benötigt wurden, vor Einführung der optischen Telegrafie jedoch nur über bedeutend langsamere Botenschiffe hatten überbracht werden können.

In seiner posthum 2018 erschienenen poetisch-philosophischen Betrachtung *Der Optische Telegraf* schreibt der schwedische Dichter und Erzähler Lars Gustafsson: »Die Übermittlungszeit zwischen London und Portsmouth betrug nicht mehr als 15 Minuten – die Nachricht hatte sozusagen annähernd die gleiche Geschwindigkeit, die ein Flugzeug mit Hubkolbenmotor für die gleiche Strecke gebraucht hätte.

Das deutsche Äquivalent, die Linie Berlin–Koblenz, in Betrieb zwischen 1832 und 1849, bestand aus zweiundsechzig Stationen, von denen eine, Nummer 4, gelegen auf dem Telegrafenhügel in Potsdam, noch heute bewundert werden kann. Die gesamte Strecke Berlin–Koblenz belief sich auf 550 Kilometer, und bei schönem Wetter und guten Lichtverhältnissen dauerte die Synchronisierung der Signale zwischen Berlin und Koblenz hin und zurück nicht länger als 2 Minuten. […] Das Personal einer optischen Telegrafenstation bestand aus mindestens zwei, häufiger drei Personen: einem Beobachter, der mit einem Fernglas die eine oder andere der nächstgelegenen Stationen ablas, und ein oder zwei Telegrafisten, die die Winkelelemente bedienten. Die Richtung der Nachricht war wichtig, Kollisionen mussten vermieden werden. Und manchen Nachrichten musste Priorität eingeräumt werden. Es ist kaum möglich, sich ein öffentlicheres System der Informationsweiterleitung zwischen zwei Orten vorzustellen. Deshalb wurde Verschlüsselung bald ein wichtiges Verfahren, besonders natürlich im militärischen Kontext.«[1]

Vor der Ruine des Mühlenturms von Rastede-Heubült im Ammerländischen wartet ein Alter mit Atemluftgerät am Gürtel. Das Gespräch mit ihm dauert keine Minute – zwei Mal verspottet er dich, drei Mal flucht er auf dich mit glühenden Augen. Bevor er zwischen zwei Sekunden hindurch verschwindet.

In Wilhelmshaven mündet der Totenweg in den Stachelbeerenweg.

Von keiner anderen deutschen Stadt habe ich zeitlebens ein deutlicheres Bild, eine Vorstellung, als von Wilhelmshaven. Woran mag das liegen? Ich bin zum ersten Mal dort, kenne keinen, der je dort war, habe kein Buch über die Stadt am Jadebusen, die Marinestadt, gelesen. Mein Bild verstört mich umso mehr, als es ein konkretes ist, das heißt auf eine wirkliche Entsprechung setzt.
Wilhelmshaven liegt für mich am Atlantik.
Eine hohe Dünung und heftige Brandung bestimmen das Leben der norddeutschen Küstenstadt.

Wilhelmshaven besteht deshalb fast ausschließlich aus turmhohen Klinkerbauten, die an die Backsteingebirge der New Yorker Bronx erinnern, allerdings unmittelbar am Wasser stehen.

Das Wohnen der Wilhelmshavener wird vom Wellengang, dem atlantischen Wetter bestimmt. In Booten fährt man einander bei Sonne besuchen.

Jeder Mann ist Fischer oder Werftarbeiter, Matrose oder Kapitän, jede Frau Fischerin, Werftarbeiterin, Matrosin oder Kapitänin.

Die Kinder von Wilhelmshaven rennen über die Deiche und bleiben oft stehen, um hinauszusehen übers Meer bis Helgo-, bis England. »Lass uns ein Schiff bauen, so groß, wie es noch keins gegeben hat«, sagen die Jungs. »Wir nennen es die Wilhelmshaven!«

Und die Mädchen rufen dazwischen: »Was hat das zu tun mit unserer Stadt, so ein Schiff, außer dass der Name derselbe ist? Lass uns lieber ein Zuhause bauen.«

Hellblau ist das Wasser des Jadebusens, und hellblau wird der Abendhimmel darüber, immer heller und blauer, bis See und Seeluft ineinander übergehen und das Dunkel aufsteigt, um Nacht zu werden.

In der Dunkelheit über dem Jadebusen ein rotes Geflimmer, weit entfernt an den Küsten im Osten – als lägen dort Rotlichtstädte, und Busse würden dort hinfahren zu gekauften Nächten an den Jadebusen der Vorstellung. Windparks sind dort in der vermeintlichen Realität, ausgerüstet mit Warn- und Positionslichtern, damit Flugzeugpiloten unterscheiden zwischen Tod und Leben, die Rotoren von Schweiburg, Seefeld, Stollhamm und Varel.

Wilhelmshaven, du bist die einzige Stadt, der ich Jahr für Jahr schreibe, glaub mir, liebes Wilhelmshaven, immer an dieselbe Adresse, seit über 35 Jahren schreibe ich dir Briefe. An die Künstlersozialkasse. In Wilhelmshaven. Sie hat keine Straße, nur eine Postleitzahl. Befindet sich die Künstlersozialkasse vielleicht überall in der Stadt?

Maler in Dangast:
Karl Schmidt-Rottluff
Max Pechstein
Erich Heckel
Franz Radziwill
Jan Oeltjen

In Dangastermoor, an der Landstraße von Oldenburg zur Küste bei Dangast, steht das Landhotel Tepe, früher Gasthof zum Fürsten Bismarck. Von 1907, als mein Großvater auf die Welt kam, bis 1912 war dies die Postadresse der Künstlergruppe Brücke.

Im Spätsommerwind, der über die Nordsee hereinbläst, rauschen die alten Dangaster Bäume. Watt und Wälder treffen in Dangast aufeinander, und in dem Wind wächst der Hohe Geestwald.

Die ersten Herbstblätter rasseln losgelassen über die geziegelte Wölbung der Steilhangpromenade, wo sie hinfegen mit ihrem sandigen Schweif.

Malerin in Dangast:
Emma Ritter

Noch ein Geräusch, das dir seltsam in den Ohren klingt: Das Watt lässt ein beständiges leises Klicken hören, das erst, wenn du auch hinsiehst, ein stilles Geblubber ist, ein Aufplatzen zahlloser winziger Bläschen im Schlamm.

Watt: Männer, Frauen und Kinder sinken ein bis zu den Knien, große Hunde bis zum Bauch, kleine aber gar nicht. Sie flitzen über die Matschweiten, springen umher, und die Vögel landen auf dem Schlamm, schreiten auf und ab, scheinen genau zu wissen, wann das Meer zurückkommt.

Neunmal ist die Stadtkirche von Jever bis heute abgebrannt, zuletzt am 1. Oktober 1959. Auf dem Kirchplatz, unter den alten Bäumen dort, sitzen an dem heißen Septembertag – es ist der letzte Hitzetag des Jahres – Teenager und hören laut aus ihrer Bluetooth-Box bösen, sich böse gebenden Deutsch-HipHop. »Du fickst mich nicht, Digga, denn ich fick dich, Digga, bin ich dein Nigga, Digga, du bist mein Nigga, Digga ...«
Die Verbundenheit aber kennt keine Grenzen, schon gar nicht die der Jahre, des Alters, der Generationen oder Geschlechter. Zwei Mädchen mit dünnen Armen und Beinen kreischen, dass man sie noch an Jevers Stadtrand hört, die Jungs blödeln herum, sie machen sich zugleich lustig und lächerlich ... und der Diakon der Stadtkirche, der unter den Bäumen hindurch schon davoneilen will, hält inne und dreht sich um, als ich ihm zurufe. Er äugt hinüber zu den Jungs und Mädchen, doch kommentiert nichts, lässt die grölende Meute junge Leute von heute sein, so wie auch sie ihn Diakon oder Küster und mich einen Neugierigen, einen Dichter, der gern wüsste ...

Schlaflos in Jever

Überall in den Baumkronen schlafen
die Vögel von Jever, die Krähen, die
Tauben, Meisen, Amseln und Häher.

Ihr Häher! Kennt einer die Tragik der
jungen Leute von Jever? Sie können
nicht schlafen, die Teenager in Jever,

sie sitzen unter Bäumen, in denen ihr
oben auffliegt, wegfliegt, zu denen ihr
am Abend zurückfliegt, euren Schlaf-

bäumen, sie hören Musik, sie können
nichts und niemanden berühren, und
sie können nicht schlafen, nur stören.

Je verschlafener Jever, umso müder
außen, aufgekratzter innen, jüngere
Jeverer, junge Jeverinnen. Ihr Stare!

O Singen! Schlafen! Nur, Jever riecht
nach Hopfen und endet nach sieben
Straßen. Dort jagen sie hin, die Tee-

nager auf ihren Bikes und Boards in
der Frühe nach einer durchwachten
Nacht. Keckert, Jevers Häher, lacht!

In der Kirche jedoch schläft seit fünf
Jahrhunderten der letzte Häuptling.
Fest schlummert dort Edo, um den

alles sich versammelt, was jung ist
und glaubt an ein besseres Leben,
ein See-, ein Erd-, ein Jeverbeben.

»Das Denkmal« – sagt das jemand in Jever, so weiß auf der Stelle jeder, welches gemeint ist, denn es scheint nur eins zu geben. Im von allen Bränden verschonten hinteren Teil der Stadtkirche liegt unter einem hölzernen Baldachin der aus Stein gehauene Kenotaph Edo Wiemkens, das Scheingrab des letzten ostfriesischen Häuptlings.

Der Diakon erläutert die versteckten Raffinessen des Grabmals, das keines ist, sondern eben ein Denkmal, er weiß genau, bis wohin sich das Feuer voranfraß, sodass ich es mir vorstellen kann, während in meinem Rücken durch die Fenster das helle Licht auf das moderne Kircheninnere fällt, dort, wo das Feuer so oft schon gewütet hat. Wieder im Freien, in der Sonne, eilt er endlich davon – Jugendtreff am Spätnachmittag. »Da muss ich hin«, ruft er lachend. »Die brauchen einen wie mich!«

Maria von Jever, Edo Wiemkens Tochter und Thronerbin, gilt bis heute als wohltätige Herrscherin. Allen Abbildungen und Darstellungen ihrer Person sieht man die Liebe der Leute an, die weichen Züge, der offene Blick, die schmale Gestalt, das Hütchen mit dem Federbüschelchen daran, fast gouvernanten- oder Mary-Poppins-haft wirkt jenes Fräulein Maria, das Jever und dem Jeverländischen eine eigene Identität verlieh und sie so behutsam wie bestimmt absetzte vom Friesischen. Maria von Jever ist als historische, als zeitlose Gestalt auch deshalb so faszinierend, weil sie ja nicht gestorben sein soll. Glaubt man den Leuten, so lebt Maria noch immer. Sie verschwand, heißt es, in einem Gang unter dem Schlosspark, der, anderen Quellen nach, dem Wasserausgleich zwischen den Schlossgräben diente, und ward nie wieder gesehen.

Jeden Abend schlägt deshalb das Glockenspiel am Schlosspark, dessen Klänge die in der Zeit, in der Geschichte Verschollene zurückleiten sollen. Allerdings stellt sich die Frage, wohin Maria denn verschwand – nach Oldenburg? nach Bremen? Wer verschwindet schon nach Bremen! Die wir lieben, verschwinden nur scheinbar. Sie beweisen jeder für sich auf unterschiedliche Weise, wie bedeutungslos die Erfindung des Todes ist. Maria von Jevers Lieblingshund macht dies auf besondere Weise deutlich: Der Windhund, den das Denkmal am Schlossplatz neben der Herrscherin zeigt, schmiegt den Kopf an Marias Hüfte, und sie hält die Hand zärtlich über dem Scheitel des offenbar klugen, ohne Zweifel geliebten Tiers.

Überall in Jever präsent ist das weltbekannte Brauhauserzeugnis. Die ganze Stadt mutet grün-golden an vor lauter Reklame – was verspricht sich der Konzern davon?

Überall in Jever scheint der Stadtrand durch die Häuserreihen, ja die Häuser. Jenseits davon ist es grün, das Land ringsum, Jever, das Jeverland. Und wenn die Sonne scheint, ist es grün-golden.

Die Chorfrauen verabschieden sich voneinander – und singen noch ihre »Tschü-üss«- und »Ja-a«- und »Bis nächsten Mi-it-woch«-Melodien.

Peter Gabriel singt zu Marias Verschwinden am Ende seines Songs *Wallflower* auf seinem vierten, noch einmal unbetitelten Album von 1982:

though you may disappear
you' re not forgotten here
and I will say to you
I will do what I can do

Beim Blaudrucker in Jevers Altstadtgasse Kattrepel, einem der letzten noch praktizierenden Handwerker seiner Zunft, sind lauter Seniorinnen und Senioren zu Gast, die die Werkstatt mit den vielfältig blau gefärbten und bedruckten Tüchern, Hemden, Jacken, Mützen und Kissen in einen indigoblauen Taubenschlag verwandeln. Der Blaudrucker beantwortet gelassen und profund jede Frage und kassiert dabei sogar eigenhändig. Die Preise sind stolz, der Mann und sein Beruf aber sind es auch.

Ich habe den Eindruck, in einem blauen Raumschiff aus dem sechzehnten Jahrhundert zu stehen, und bewundere vor allem die Schnitte, die Muster, die Darstellungen aus der Tiefe der Zeit, darunter den harnakischen Tanz, der verborgen in der blauen Pracht sogar das erotische Flirten seiner Zeit abbildet und anhand seiner so kräftigen Bläue vorstellbar werden lässt. Das Blau wirkt sich sonderbar stimulierend aus, man beginnt tief zu glauben, zu staunen und ahnen.

Ein Gedicht von Christian Saalberg kommt mir in der Stunde im Blaudruckerhaus von Jever in den Sinn, *Man sagt* heißt es, und die letzte Strophe lautet so:

Der September verbrennt die alten Tage.
Aus den Trümmern klaube ich mir vom Himmel
das letzte Blau.
Schminke für die Augen, wenn es graut.[2]

Am Abend kommt bei Südwestwind ein gelblicher Nebel über die Grasweiten der Seefelder Wesermarsch – Qualm von einem Moorbrand bei Meppen im Emsland. Dort hat die glorreiche Bundeswehr in Zusammenarbeit mit der verdienstvollen Luftwaffe Raketen auf das Meppener Moor abgefeuert, das seither, seit gut zwei Wochen, unterirdisch brennt und vor sich hin schwelt. Während zweihundert Kilometer weiter südwärts der Hambacher Forst dem Braunkohleabbau zum Opfer fällt, ein ganzer Wald weggebaggert werden soll, wogegen junge Leute sich verwahren – ja, sich! – und demonstrieren, in Baumhäusern verschanzt und angekettet an Bäume, die verschwinden sollen, längst verschwunden wären, gäbe es solches Aufbegehren nicht. Vor diesem Hintergrund wirken die Raketen auf das Meppener Moor fast wie eine Rache-Aktion, eine Vergeltung gegenüber den Hambacher Buchen. Die Bäume wären längst verschwunden, hätten sie nur für eine Stunde die Gelegenheit und die Beine.

Verschwunden ist auch die alte Brücke über die Jade im gleichnamigen Ort. Die Trinitatiskirche steht noch da und wacht über die Friedhofsruhe, aus der sie aufragt, schwarzgrün mit blauem Schimmer rieselt fast lautlos das Jadeflüsschen vorbei, es gibt ein Betonbrücklein mit einem Handlauf, aber die Brücke auf dem Bild in meiner Hand finde ich nirgends, und die Leute aus Jade kennen sie zwar, erkennen sie auch wieder – »Jo, das is' man de alde Jadebrück« –, können oder wollen mir aber nicht sagen, wo ich sie finde, ihre Brücke, woher ich auch bin, wohin ich auch geh'n tu.

Der Blaufärber von Jever, sein Gesicht und seine Hände waren das einzig Helle in einem durch und durch und ganz und gar blauen Raum. Auch er ist verschwunden, nicht nur im Indigo, das ihn umgab, oder den Mustern, die seine Handwerkskunst weiß auf die blaugefärbten Stoffe übertragen hat. Sein ganzer Beruf ist verschwunden. Verschluckt, wie von der Zeit. Hier endet die Kraft der Metaphorik. Die Zeit wird blau. Die Vergangenheit ist tiefblau.

Schafe bei Fedderwardersiel – die Lämmer auf dem Deich, wissen oder ahnen sie, dass sie Schafe sind, dass sie ein Schaf vor sich haben, wenn sich etwas an sie schmiegt? Hält sich ein Schaf für ein Schaf oder vielleicht für das Schaf schlechthin? Oder erkennt es nur die Herde, die Schafe, zu denen es sich zählt? Zählt es sich dazu? Zählt das Schaf Schafe?

Zwischen Waddens und Tettens Boßelmarken kilometerlang auf dem Asphalt der Straße hinterm Deich.
Die ersten Boßelmarken meines Lebens.

Drüben, am anderen Weserufer, liegt Bremerhaven im Dunst, fünfeinhalb Kilometer lang Richtung See erstrecken sich die Containerquais zum Entladen der Riesenfrachter vorwiegend aus dem fernen Osten. Der Nordhafen dort drüben wurde von den Nazis errichtet für ihre beiden nie zustande gekommenen Naziflugzeugträger Graf Zeppelin und dessen namenlos wieder verschrottetes Schwesterschiff Träger B.

Die Flugzeuge für die Flugzeugträger sollten gleich an Ort und Stelle produziert werden, damit sie möglichst schnell einsatzbereit waren, um Tod und Verderben nach England und Skandinavien zu bringen, Stukas, Junkers-Torpedobomber und Messerschmitt-Jäger, die drüben in Blexen, in als Bauernhöfe getarnten Produktionshallen gebaut werden sollten.

Zum Glück aber wurde daraus nichts, das will ich nicht vergessen! Eine Zeit lang wasserten immerhin die Postflugzeuge der beiden Amerikadampfer Bremen und Europa im Bremerhavener Nordhafen, aber auch das ist lange her. Ob Fedderwardersiel oder Nordenham, das einmal wichtiger Auswandererhafen war – viele Nordseehäfen strebten über Jahrhunderte nach allem, wofür Bremen und dessen einstiger Hafen heute stehen, merkantile Weltoffenheit, den Reichtum des Handels und Austauschs, bei Weitem nicht nur von Waren.

Eine merkwürdig tiefgreifende Ruhe erfasst dich in dem warmen Septemberwind auf der Halbinsel Butjadingen. Die Grasweiten, die Gemächlichkeit der wenigen sichtbaren Tiere, das Rauschen der Kastanien und Nussbäume im Seewind. Die Menschen scheinen noch Zeit zu haben. Oder sie nehmen sie sich für die Dinge, die zu tun sind.

Seefeld, nicht weil hier ein Meer
und Feld sich treffen, Himmel und
das Gras. Nein die See ist hier Feld,
und Feld ist See, ja der Grashimmel
mit der Mühle in der Mitte der Weite.
Oben die Windrose kennt alle Namen
der Windrichtungen, Nord, Süd, Ost und
West und Nordnordost und Nordsüdwest,
Südsüdwest, Westnordost, es sind so viele,
viele auch namenlos dunkle, dass die Mühle
von Feldseefeld mitunter, ja geht sie rückwärts
und sich zurückdreht immer, schneller, immer
rascher, bis ins Gras rauschen alle Stunden,
ins Gras rasch die Stunden fliegen und
ertrinkt in den Salzwiesen das Pech.
Nach Staubjahrhunderten duftet
die Mühle. Und immer räumt
jeder Wind ein Zimmer.
Und immer träumt
der Wind Zimmer.

Eine Frau kommt gefahren, elegant wie der Wind, und lehnt ihr Rad an die Kirchenmauer.

Auf dem Blexener Kirchplatz sucht ein kleiner Junge mit seinen Großeltern Kastanien. Als er über die Friedhofsmauer blickt und dort auf den Gräbern zwischen Grabsteinen und vereinzelten Blättern unzählige der braunen Nüsse entdeckt, bricht er in so lautes Jubeln aus, dass die Toten erschrocken zu flüstern beginnen.

Eine halbe Stunde lang bin ich allein in der Kirche St. Hippolyt in Blexen, der ältesten in der Wesermarsch. Nur drei Kerzen brennen in dem nach Moder und Herbst riechenden Gemäuer, dessen Altar der barocke Expressionist Ludwig Münstermann gestaltete – nach ihm heißt eine Straße in meinem Hamburg-Barmbeker Viertel. Sorgsam zusammengebaute Segelschiffmodelle hängen von der Decke wie nautische Marionetten. In der Endlosigkeit aus Wasser, Wind und Zeit vor der Eindeichung des Koogs stand die Kirche bei den schweren Sturmfluten im 17. und 18. Jahrhundert im Wasser, wurde schwer beschädigt – Schäden, die man sichtbar bleiben ließ –, ging aber nie völlig unter. Die Schiffe umsegelten St. Hippolyt, so lange, bis das Kirchenschiff von Land aus wieder zu betreten war.

Plattmachen, ich meine
Nordenham, das Grau,
endlose Verlassenheit.
Das Betonschanzkleid
der Stadt entlanggeirrt,
an der alten Weser, der
seegrauen, atlantischen,
wo kein Licht, nichts flirrt.
In der Ferne, am anderen
Ufer diesen regnerischen
Nachmittag, Bremerhaven,
die abstrusen Containerter-
minals, Behälterabferti-
gungspiers, siebzig
Flugzeugträger
lang, Deich
aus Schafen.
Die Weser. Der
verbaute Himmel.
Der dich überwölbt.
Fabrik für neue Laser-
technologien. Plattes
Land, das Oldenburger
Land. Wo ist die See? Du
musst die See nicht sehen,
weil nichts ist flach ohne Meer,
das Land gibt auf, geht über. Möwe
kommt näher, Möwe zieht Bahn, Möwe
dreht ab und saust knapp hin überm höchsten
Nordenhamer Punkt, eine vier Jahrhunderte alte
Platane, die alle vergessen haben umzumähen. Das
wird schon noch, das wird, man abwarten. Plattmachen, warten.

Plattmachen heißt nicht, es ist. Plattmachen heißt, es ist vorbei, es war.

Eine halbe Stunde lang fahre ich durch Industrie, Gebiete, Orte, über die die Industrie gebietet – und wo nichts anderem Raum gelassen wird. Nordenham macht kein Hehl aus dem unbedingten Willen, technologisch Anschluss zu halten – und das Alte, Überkommene als obsolet, unnötig auszumerzen. Der Bahnhof von Nordenham an der Wesermündung, an dem einst Abertausende mit Zügen aus ganz Mitteleuropa ankamen, um an Bord der Auswandererdampfer zu gehen, steht leer, ist verrammelt, abrissbereit. Am Union-Pier, dem alten Ossenpier, überkommt einen gespenstische Melancholie angesichts der ein halbes Jahrhundert jüngeren Industrieruinen wenige hundert Meter weiter flussab und der gigantischen Vergeblichkeitsanstrengungen am Bremerhavener Containerterminal am jenseitigen Ufer – dem Schrott von morgen.

Blick in eine Alleeflucht, tief, tief in die Marsch, über die das Abendlicht herströmt.

Über den Nordenhamer Marktplatz – der wie jeder Fleck in der Stadt zerbombt und wieder aufgebaut wirkt –, rollt ein ferngesteuertes Auto, in dem nebeneinander zwei kleine Jungs sitzen und johlen. Dem Gefährt folgen ältere Geschwister der beiden kleinen Geisterfahrer, ihre Eltern und Großeltern, die Mutter mit Fernbedienung in der Hand.

Der Legende nach küsste der friesische Häuptlingssohn Dude den abgeschlagenen Kopf seines Bruders Gerold. Beide wurden sie 1419 in Bremen enthauptet. Ihre Doppelhinrichtung stellt ein Fresko im Stadtmuseum Nordenham dar. Gemalt hat Der Bruderkuss Hugo Zieger 1893, *Lever dod als Slav* lautet der Titel des Freskos, in anderen Quellen *Lieber tot als ein Sklave*. Bremer Kaufleute hatten die Vredeborg im Raum Atens erbaut, auf dem Gebiet des heutigen Nordenham. Das Bollwerk richtete sich gegen Piraten, die an der Unterweser Handelsschiffe überfielen. Doch kam es zu Querelen mit den friesischen Herrschern vor Ort, den Häuptlingen. Nach einem missglück-

ten Angriff wurden Dude und Gerold, die beiden Söhne Dide
Lubbens, des Häuptlings von Stadland, im Jahr 1419 in Bremen
hingerichtet. Nachfahren der friesischen Herrscherfamilie beauftragten den Kaisermaler Hugo Zieger im letzten Jahrzehnt
des 19. Jahrhunderts damit, die symbolträchtige Enthauptung
in einem Fresko zu verewigen. Gut hundert Jahre später war
das in einem historischen Bauernhaus ausgeführte Wandgemäl-
de akut gefährdet.
Der Leiter des Nordenhamer Stadtmuseums Timothy Saunders
erzählt von der aufwendigen Restaurierung, dass ein Firnis
aufgetragen, dann Tuch aufgeklebt, darauf Holzbretter geklebt
wurden. Von der anderen Seite der Wand habe man den Putz
abgeschlagen, die Steine ausgesägt und einzeln aus der Wand
gebrochen, bis einzig die mit dem Fresko bemalte Putzschicht
übrig geblieben sei, geklebt auf Holzplatten. Um sie habe man
herumsägen und das Fresko in drei Teilen aus dem Haus tragen
können. Von Liebe kein Wort. Der Liebe eines jungen Mannes
zu seinem Bruder. Dem Anblick des abgeschlagenen Kopfes.
Den Köpfen, die Zieger malte in Anbetracht des historischen,
über vier Jahrhunderte lang vergangenen Geschehens. Abgeschlagen der Kopf, abgeschlagen das Bild.

Bundesstraße 212, ich fahre zwei Stunden lang südwärts, von
Nordenham nach Delmenhorst, eine Stunde davon stehe ich im
Stau und staune einmal mehr, fassungslos, über die Absurdität
unserer entzweigegangenen Bezüge. Lastwagen reiht sich an
Lastwagen, Auto an Auto, während wir Hohlköpfe fast alle
einzeln vorbeikriechen an Pferdeweiden, stillen Weilern, Deichen, Chausseen, Chausseen, unter einem Himmel voller Tauben, Schwalben und Stare.

Orkan über Delmenhorst. Eine Kaltfront zieht von Westen
übers Land und wird den Meppener Moorgestank erledigen –
so hoffen es die Leute, die mit brennenden Augen – ich meine
das nicht metaphorisch – durch die Delmenhorster Innenstadt
geweht werden. Nein, ein Witz ist das nicht. Der Dichter ist

zu Gast, der Narr, der alles sagen darf, solange er es lustig sagt und die Leute sich dran freuen, weil er den Spiegel hat und ihn ihnen vorhält, den Spiegel, durch den sie alle rennen würden, hätten sie nicht Besseres zu tun. Sei's drum, es ist eh bloß ein scheinbarer, ein Scheinspiegel.

Ich bin allein im Delmenhorster Schlosspark. Früh aufgestanden, obwohl es schüttet. Wo ist das Schloss, Burg Delmenhorst? Verschwunden. Ich laufe durch den von Neuem einsetzenden Regen, unter den schönen alten Buchen und Ahornbäumen an der Delme, bis auf die Insel hinauf, die Burginsel. Aber auch dort steht keine Burg. Es gibt einen Burggraben, sogar zwei, Innere Graft und Äußere Graft, nur die Burg, die de Horst heißen, geheißen haben soll, fehlt. Das verschollene, das verschwundene Schloss. Es hat, es hatte einen blauen, einen roten und einen runden Turm, ein Herrenhaus, einen Kapellenflügel, ein Zeughaus, ein Gästehaus, ein Kommissarienhaus, einen Burghof mit Brunnen – nichts von alledem gibt es noch, nur in der Vorstellung. Nur? Seit dreihundertsieben Jahren ist Burg Delmenhorst unsichtbar.

»She was, she was / A friend of mine. / Do us a favour / Your one and only warning / Please be gone by morning«, singt David Sylvian und könnte damit Schloss Delmenhorst gemeint haben, genauso aber uns alle, von denen nichts bleiben wird außer die Erinnerung derer, die sich bemüßigen, das heißt die Zeit nehmen, sich zu fragen: War da nicht was, ein Leben?

»She was, she was / A friend of mine.«

Lesen Sie nach, weshalb es Schloss Delmenhorst nicht mehr gibt, nichts mehr davon, ganz als hätte es nie existiert – es leuchtet nicht ein.

(»Seit 2015 forsche ich zum Leben der letzten Gräfin auf dem Schloss Delmenhorst, Sibylla Elisabeth von Oldenburg und Delmenhorst, geb. Herzogin von Braunschweig-Lüneburg (1576–1630), die im Dreißigjährigen Krieg elf Jahre lang Regentin in Delmenhorst für ihre noch unmündigen Söhne war«, schreibt mir einige Monate später die Historikerin Herta Hoffmann. »Bei der Archivarbeit fiel mir in Wolfenbüttel eine sensationelle Architekturzeichnung in die Hände. Ich schicke sie Ihnen gerne mit entsprechenden Erläuterungen.«)

Rathaus und Rotunde mit gläserner Kuppel der Markthalle auf dem Rathausvorplatz in Delmenhorst stammen von dem Architekten Heinz Stoffregen, wie auch Haus Coburg mit dessen Städtischer Galerie – Stoffregens Ansatz ist ein ganzheitlicher, dabei nüchterner, so schöner wie pragmatisch orientierter. Das Haus soll von innen heraus ins Äußere wachsen, sein Mittelpunkt sind die Menschen, die darin leben und hinaussehen in die Welt. Fenster sind wichtigstes Bauelement. Stoffregens Baukunst ist ein Stoffregen, die Stoffe regen sich und bewegen noch heute, zumindest einen wie mich. Sehr bedauerlich, das Verschwinden der Arkaden, die einst Markthalle und Rathaus verbanden mittels einer poetischen Brücke, die Stein schien, aber nicht war – die zwar Stein war, aber im Grunde doch mehr. Mitte der Fünfzigerjahre schien eine Omnibusstation und Businsel vor das Rathaus gesetzt werden zu müssen, da war für verbindende Arkaden kein Platz mehr.

Durchs Huntetal fahrend fällt mir schon beim Klang des Namens das Baden in dem Fluss wieder ein. Oldenburg 1977. Mit dem Bruder schwimmen im Fluss, dem braunen Wasser, springen von dem Steg, der am Ende des zum Ufer hinablaufenden Gartens lag.
Eine Erinnerung, die mir nahelegt, der Sommertag sei letzte Woche gewesen. Ich spüre noch deutlich die Strömung des ganz und gar weichen Wassers – oder meine mich noch genau entsinnen zu können. Setzen Erfahrungen, ähnliche, aus vier Jahrzehnten seither diese Bilder zusammen? Hätte ich diese dann nicht im Sinn behalten, um mich an die Hunte bildhafter, lebendiger wiedererinnern zu können? Der Tag an der Hunte, an dem ich als Junge dort war und schwimmen ging, ist so oder so unwiederbringlich.

Doch ebenso ist er unvergessen.

Die Orkanböen setzen ein wie auf ein Fingerschnippen hin. Und durch die Fenster, die auf Kipp stehen, wirbeln plötzlich Blätter herein. Der Sommer ist vorüber. Er war eine endlos anmutende Pracht.

»Es kommt eine Zeit, und sie ist schon da, in der die Toten die Stimme des Gottessohnes hören« – wie in diesem verblüffenden Satz, der in der Krypta der Wallfahrtskirche von Bethen bei Cloppenburg zu lesen ist – ein zwischen Bundesstraße, Ausfallstraße und Autobahn eingeklemmtes Örtchen –, so scheinen sich die ganze St.-Marien-Kapelle, ihre Pietà, die Muttergottes und alle Heilanddarstellungen vor allem der Frage zu widmen, wie die Nichtigkeit des Todes sich darstellen lässt. Der Satz stammt aus dem Johannesevangelium und lautet in Gänze: »Es kommt die Stunde, und sie ist schon da, in der die Toten die Stimme des Gottessohnes hören und in welcher die, die darauf hören, leben werden.« Die Bethener Marienfigur mit ihrem so traurigen wie würdevoll-wissenden, um die Kraft ihres Sohnes wissenden Gesicht hat mich weniger ergriffen als der kleine Einschub in diesem Satz: »... und sie ist schon da ...«
Lange stand ich vor dem Altar und betrachtete das endlich einmal im Wortsinn herrliche Mosaik aus hell- und dunkelgrünen, weißen und gelben Steinchen, das die Kreuzigung umdeutet in eine Verlebendigung: Aus Jesu Wunden wachsen Blumen und Bäume. Das Kreuz selbst mutet wie ein Baum an, das Tote kehrt zurück ins Leben, das Wort wird Wasser, es wird trinkbar, »Was er sagt, das tut. Füllt die Krüge«, und mir fällt einer der mir liebsten Verse von Paul Celan ein: »Ein Boot knospt im Regen ...«

Er hatte den Opel eines Mitschülers
in Ocholt gegen einen Poller gesetzt,
keinen Muckser mehr tat der Rekord,
und ein Dichter kannte sich nicht gut
mit Autos aus, so wenig wie in Ocholt,
aber am Bahnhof sah er, die Schmal-
spurbahn fuhr zu der Stadt, wo Hardy
Frerichs wohnte, Westerstede, Brinkmann war dort die ganzen Jahre nie
gewesen, jetzt sah er auch, weshalb,
die Gleise, die Lok, die Waggons, so
grotesk, am besten wegrennen, weg,
aber das hätte Hardys Kutsche kaum
heilgemacht, außerdem hatte er Kohl-
dampf, zuletzt ja am Morgen in Vechta
ein Schinkenbrot auf die Hand gehabt,
er dachte an die Küche, das Licht und
den Güllegeruch seiner Jugend, Gülle,
die den Leuten bei Folterungen früher
ins Maul gegossen wurde, Gott, Gülle
for ever, o Jesus, zum Glück bald over
and out, er würde Essener sein, dachte
Rolf Dieter Brinkmann, als der lachhafte
Zug ihn durch Westerstede gondelte und
er dieselben stillen Straßen an dem Sonntagmittag sah und dieselben paar people
wie im Schweinezüchterparadies Vechta.
Standen im Nieseln da und sahen ihn an.
Gespenst aus dem Dampf enger Träume.

Für Eckhard Rhode

Der Park der Gärten in Bad Zwischenahn wirbt mit dem Slogan »Deutschlands größte Mustergartenanlage!« – und wie ein Mustergartenanleger in einem IKEA-Outdoor-Lager komme ich mir vor auf dem pragmatisch bis in die letzte Hecke durchgetrimmten Areal. Die Schönheit der Blumen und Sträucher, der Bäume und Beete wird unsichtbar, Werbung für Firmen, Nutzbarkeit, Haltdauer usw. usf. Die Preisschildchen flattern im Wind, die Buddha-Massenzierplastiken tragen sie um den Hals. Hier fällt ins Auge, was Emerson sagt: »Jeder Garten ist ein Grab.«

Gärten in Bad Z.

Trockengarten – Jahreszeitengarten – Formgehölze-
garten – Weißer Garten – Farngarten – Mediterraner
Garten – Spiegelgarten – Leben und Arbeiten im
Garten – Sterben im Garten – Japangarten –
Chinagarten – Rosengarten – Waldgarten – Koi-
Zen-Garten – Islamischer Garten – Islamistischer
Garten – Poolgarten – Zukunftsgarten – Vergan-
genheitsgarten – Gegenwartsgarten – Cottage-
Garten – Wildobstnaschgarten – Supermarkt-
garten – Gebrauchtwarengarten – Baumarkt-
garten – Heilender Garten – Mörderischer
Garten – Immergrüner Garten – Immer-
kahler Garten – Immerdunkler Garten –
Traumzeitgarten – Albtraumgarten – Schre-
bergarten – Schreibergarten – Schreigarten –
Wassergarten – Tränengarten – Skulpturengarten –
Ölgemäldegarten – Ölgarten – Heckengarten –
Heckenschützengarten – Kunstgarten – Duftgarten –
Schulgarten – Kindergarten – Phloxgarten – Kakteen-
garten – Blumenzwiebelgarten – Heidegarten – Bäuer-
licher Nutzgarten – Mechanikergarten – Politikergarten –
Partygarten – Zwerggarten – Fischgarten – Meeres-
grundgarten – Wellnessgarten – Krankenhaus-
garten – Fluchtgarten – Leerer Garten

In Westerstede scheint die kulturelle Vergangenheit und kulturelle Identität vollständig unterhalb der Oberfläche stattzufinden. Aber ist das tatsächlich so? Ist das nicht allein Projektion?

Ich komme vorbei am Westersteder Philippsbrunnen, ein Geschenk aus dem Jahr 1862 eines Sohnes des Städtchens, der nach England auswanderte, als Baumwollhändler reich und 1884 Bürgermeister wurde von Manchester.

Gäbe es ein norddeutsches Reich der Baumschulen, der Formgewächse und -gehölze, Westerstede wäre die ruhmreich zurechtgestutzte Hauptstadt.

Von Philipp Goldsmith oder Goldschmidt aus Westerstede zu Georg Schmidt-Westerstede. Der Westersteder Maler und Bildhauer Georg Schmidt nannte sich als Künstler Georg Schmidt-Westerstede und ist heute völlig zu Unrecht so gut wie vergessen. Er ist ein Meister der Mosaiken, Reliefs, Fresken, Sgraffiti, Eisen- und Glasbänder, und auch viele seiner Ölgemälde und Tuschbilder berühren vielleicht erst heute, fast vierzig Jahre nach seinem Freitod 1982.

In Westerstede erinnern nur einige wenige Hausmosaiken an sein Schaffen, doch als ich an dem vernieselten Sonntagvormittag an einer Klinkerwand vorbeikomme, an der ein Mosaik Schmidt-Westerstedes angebracht ist, bleibe ich unwillkürlich fasziniert stehen und betrachte das Bild minutenlang. Es stellt Pferde dar, Fohlen, die staunen und die mich auf der Stelle erinnern an mein Staunen über staunende Fohlen.

Auf meiner Rundfahrt durchs Oldenburger Land treffe ich immer wieder auf Bilder und Skulpturen Schmidt-Westerstedes, dessen markanter, so verspielter wie expressiver Stil besonders im Mosaik und Relief unverkennbar ist. Tiere, Maritimes, Mediterranes, Inniges. Oft frage ich mich, wie wohl ein solches Bild von Krebsen, Hummern, Fischen oder Wildgänsen in derart leuchtenden Blau- und Grüntönen wirken mag auf eine Passantin, die dem Westersteder oder Brakener Alltag zu entgehen versucht, indem sie umherspaziert und die Augen offen hält.

Ich sehe Kunstwerke Schmidt-Westerstedes in Butjadingen, in Jever, in Sandkrug, in Brake an der Unterweser. In Oldenburg blicken meine Hotelzimmerfenster auf eine Passage, die Georg Schmidt-Westerstede gestaltet hat, den Herbartgang, dessen Mosaiken, Glasbänder, Türgriffe, Durchgänge, Reliefs. Das Oldenburger Land, seine Vergangenheit und seine so widerständig bescheidene Kultur bewahren Schmidt-Westerstedes Alltagsinstallationen auf, um sie Tag für Tag weiterzugeben an jeden, der sie betrachtet.

Auch der Cloppenburger Stadtpark war mal Schlosspark. Doch ebenso wie Burg Delmenhorst ist die Cloppenburg vom Erdboden verschwunden, als hätte es sie nie gegeben. 1716 brannte sie ab, nur der Burgturm blieb für fast 90 Jahre noch stehen, dann aber sprengten ihn die Cloppenburger in die Luft und erbauten dort, wo ein halbes Jahrtausend lang die Burg unter den Bäumen gestanden hatte, ihr neues Amtshaus. 1805. In Jena starb gerade Friedrich Schiller. Auch der verschwand und kam nicht mehr zurück. War Schiller je in Cloppenburg?

Dabei steht der Name Cloppenburg im ganzen Land für das Bewahren kaum zu bewahrender Zusammenhänge. Mit meiner mich bewahrenden Frau und den Kindern besuche ich das Museumsdorf, und alle sind wir überwältigt davon, wie spürbar mit einem Mal die Vergangenheit ist. In der Stein für Stein und Balken für Balken andernorts abgetragenen und in Cloppenburg wiedererrichteten Kappenwindmühle – die Mühle hat Flügel und hat eine Kappe, unterhalb derer sie rotieren – riecht es noch immer nach dem Hunderte Jahre lang gemahlenen Getreide. In den Stütz- und Tragbalken der oberen Stockwerke entdecken wir eingeritzte Zeichen, Ziffern, Initialen, die ins 19. Jahrhundert zurückreichen. Im Heuerhaus in der Nachbarschaft die winzigen Räume zum Essen, zum Schlafen in Alkoven, die die Körperwärme speicherten. Zwei Familien lebten in dem Häuschen zu ebener Erde, wie Zwillingsfamilien, symmetrisch angeordnete Modell- oder Ameisen- oder Roboterfamilien. Wie muss das gewesen sein? Die Kinder fragen nach den Kindern, die in den Häusern gelebt haben werden, den Kindern des Dorfes, das ein zusammengesetztes, so wie jedes Museum ein Baukasten ist. Verschwundene Kinder. Nur hat es sie wirklich gegeben, wir sehen ja die Einritzungen in den Tragbalken der Mühle, den Pulten der Schule.

Eine absurde Ansammlung metallener Rieseninsekten, die Hässlichkeit des Nutzes, die unnütze Grimasse der Mühsal – Traktoren, Mähdrescher, Dreschmaschinen, Lokomobile und anderes Fuhrwerkzeug von vor hundert Jahren und älter. Überhaupt erscheint ja in jedem Museum, das sich den Lebewesen von früher widmet, jedes Gerät skurril, lachhaft, grotesk und absurd. Es mag zu etwas gut gewesen sein – dem Pflügen eines gartengroßen Feldes in nur drei Tagen, dem Quirlen eines Breis aus Getreide, dessen Name keiner mehr kennt, dem Fliegen mit einem papierbespannten Apparat, der dich dreißig Meter weit trägt oder umbringt. Versuchsanordnungen, die nur noch komisch, seltsam oder wie geträumt anmuten, die aber alle zeigen, wie vergänglich alles ist. Jedes Museum ist ein Museum der Vergänglichkeit.
Nützt nichts. Es ist vorbei.

In der Mitte der Weite – die Weite ist hier das fast überall flache, immer flachere Oldenburger Land. Oldenburg aber, die alte Burg, Ollnborch ist die Mitte, das Zentrum, und man spürt das, sobald man in die Stadt kommt: Diese Stadt hat nicht nur ein Umland, sie hat ein Land.

Mit Oldenburg verbinde ich auch einen berühmten niederländischen Lyriker. In Glimmen bei Groningen lebte bis zu seinem Tod 2012 Rutger Hendrik van den Hoofdakker, der sich als Dichter Rutger Kopland nannte. Er war in seinem bürgerlichen Leben Psychiater und Schlafforscher, und er schrieb Gedichte mit einem ganz unverwechselbar ruhigen, sonoren Ton. Über seine holländische Heimatregion schrieb Kopland:

Sie haben mir erzählt, wer ich war
und wo sie mich gefunden hatten
das bist du, sagten sie, hier bist du.

Meine Herkunft ist zu rätselhaft
um sie zu beschreiben, zu selbstverständlich
für mehr Erklärungen als diese:
Ich bin, weil ich da bin.

Ich lese im Buch der Psalmen
und erinnere mich, wie schön Twente ist.[3]

Dank sei den Dingen, eine Auswahl aus Rutger Koplands Gedichten, übersetzte ich gemeinsam mit meinem Dichterfreund Hendrik Rost. Dessen Frau ist Oldenburgerin, und als wir 2007 nach Glimmen fuhren, um ein Wochenende lang mit Rutger Kopland über unsere Übersetzungen zu diskutieren, machten wir Station in Oldenburg, gingen spazieren an der Hunte und sprachen über Koplands so eindringliche wie zurückhaltende Form von Gläubigkeit. Rutger Kopland sprach mit uns Englisch, bis seiner Frau am Mittagstisch einmal der Kragen platzte und sie zu ihrem Mann sagte: »Ruudi, jetzt sprich in Herrgotts Namen doch endlich Deutsch mit den beiden!«
Oldenburg ist für mich seither auf sonderbare, auf poetische Weise mit Rutger Koplands Dichtung verbunden, ganz so, als stünde in dem Gedicht: »Ich lese im Buch der Psalmen / und erinnere mich, wie schön Oldenburg ist.«

Mittagsgottesdienst in der Oldenburger St. Lambertikirche, einer österlich weißen Rotunde unter ihrer erstaunlichen Kuppel. Ich lausche den lakonisch-freundlichen Worten des Pastors und bewundere immer wieder das ins Kirchenschiff, ins Kirchenrund herabhängende große violette Lichtkreuz. Neun Zuhörerinnen und Zuhörer. Der Pastor kann uns allen in die Augen blicken. Und wir ihm. In der Lambertikirche scheint der Glaube ein Licht zu sein.

Träfe zu, was der Autor des Erfolgsromans *Konzert ohne Dichter* Klaus Modick einmal von sich behauptet hat – nicht ohne Selbstironie –, nämlich dass er in Oldenburg offenbar Goethe sei, wer, frage ich mich, wäre dann wohl nicht neben ihm, sondern tief unter ihm Lenz, wer wäre Kleist und wer Hölderlin? Wer wären alle die von dem selbstgefälligen Weimaraner Hofrat aus dem Weg gebissenen Karrierekontrahenten?

Ein Goethe zu sein, und sei es auch ein Goethe von Oldenburg, kann so verstanden niemand wollen. Klaus Modicks Roman *Konzert ohne Dichter* hätte ich gern als einen lebendigen Roman über Heinrich Vogeler, Rainer Maria Rilke, Clara Westhoff und Paula Modersohn-Becker gelesen – würde darin die Geschichte des Worpsweder Barkenhoff nicht auf Kosten Rilkes erzählt werden, dessen Dichtung und Lebensäthestik Modick unverständlich geblieben zu sein scheinen und den er zur Zielscheibe seines Spottes macht.

Der durch den Kakao gezogene Rilke.

Früher stand in der Innenstadt das Geburtshaus des Philosophen, Psychologen und Pädagogen Johann Friedrich Herbart, eines Zeitgenossen Goethes. In den späten 1950er-Jahren hatte es der ersten Oldenburger Einkaufspassage zu weichen, und übrig blieb allein Herbarts Name, denn die Passage heißt bis heute Herbartgang. Klaus Modick beklagt in einem Aufsatz über seine Stadt zahlreiche architektonische »Maßnahmen«, ja schreibt von einem »städtebaulichen Massaker«. Den Namen Herbartgang hält er für eine »zynische Verlustanzeige«.

Wer sich die Zeit nimmt und ohne Dünkel, aber mit wachem Blick durch den Herbartgang geht, entdeckt ein faszinierend vielfältiges Ensemble, dessen künstlerische Gestaltung über fast fünfzehn Jahre hinweg auf Georg Schmidt-Westerstede zurückgeht, der bis 1978 hier Mosaiken, Reliefs und andere Elemente nutzte, um Herbarts pädagogischen Vorstellungen schöpferisch-kritisch zu begegnen.

Auch Schmidt-Westerstedes abstrakte Bilder geben die Farben des Oldenburger Landes wieder, das tiefe Blau der See, das mal dunkle, mal blasse Grün der Felder und Wälder, das Türkis des Himmels über Jade, Hunte und Weser. Der engstirnigen Lehrerbezogenheit des Herbartianismus hält Schmidt-Westerstede das offene Sehen entgegen: Pferde, Schiffe, Häuser, Felder, Kräne, Mühlen, Schafe, Deiche, Wellen, Kähne, Gänse. Überall Weite, Bewegung, die Bewegtheit der Weite.

Immer wieder laufe ich vorbei am Schlossgarten und über die Mühlenhunte Richtung Südosten zur Cäcilienbrücke. Die Hubbrücke führt über die Hunte, die hier begradigt ist, künstlich wirkt. Die vier geziegelten Treppentürme erinnern an eine Ruine, und tatsächlich soll die Brücke ja wie ihre Vorgängerbauten in der Geschichte abgerissen und ersetzt werden durch ein nützlicheres, dem Verkehrsstrom gewachsenes Bauwerk.
Seit Jahren schon wird das Gemäuer nicht mehr ausgebessert, der Hebemechanismus nur notdürftig instandgehalten. 2020 dürfte »das hässliche Ding«, »das Trumm«, »der Rappelapparat«, von dem der Antiquar am Schlosswall sagt, er lasse nichts durch, sondern halte alles auf, verschwunden sein.
Die »Cäci«, wie die Oldenburger sie nennen, die Cäcilienbrücke trägt demnach ihr Verschwinden in sich, während sie noch dasteht, die Leute darauf noch immer von einem zum anderen Ufer gelangen, die Brücke sich hebt und Schiffe passieren lässt. Sie nimmt ihr Verschwinden vorweg, fast so, als wäre es der Brücke gelungen, selber Schiff zu werden und durch sich selbst hindurchzufahren, zu verschwinden aus dem eigenen Bild, auf der Hunte davonzufahren in die Bildlosigkeit.

Im Prinzenpalais bleibe ich stehen – ja, wie angewurzelt – vor den berückenden Gemälden des Butjadingers Georg Müller vom Siel, der genau hundert Jahre vor mir zur Welt kam und in Oldenburg aufwuchs.
Müller benannte sich nach dem Örtchen Hohensiel und reiste schon als junger Mann nach Amerika und quer durch Europa. Er erlernte sein Handwerk in München, Antwerpen, Berlin. In Paris wurde er Hofmaler von Großherzog Peter II. von Oldenburg.

Doch der vielbewunderte junge Landschaftsmaler litt an Niedergeschlagenheit und Halluzinationen. Er glaubte, ein Rennpferd zu sein. In Paris konsultierte er den berühmten Nervenspezialisten Jolly. Es war ihm, als hätte er Lokomotiven im Ohr.

Was mich sofort anspricht an den Gemälden Müllers, sind die scharfen Konturen, die Bäume und Wälder, die Gehöfte und Mühlen vor dem Licht über der Weite.

Aber auch die Motivwahl ist eine besondere, die Bescheidenheit, die seltsam ortsgebundene Fantasie. Immer wieder malt Müller vom Siel die Hunte, ja er ist vielleicht der eigentliche Maler der Hunte, wie sie vor hundert Jahren war und wohl nie wieder sein wird.

Auf einer Wanderung durch die Wildeshauser Geest kommt der Anfang Dreißigjährige durch Dötlingen, ein abgelegenes Dorf auf halbem Weg zwischen Delmenhorst und Cloppenburg in von der Hunte durchflossenem Hügelland. Hier findet Müller das ländliche Licht und die Nähe zu dem ihm lieben Fluss, nach denen er gesucht hat, aber wohl ebenso die Stille und Muße, die sein strapaziertes Gemüt nötig haben. Das Bauerndorf Dötlingen wird durch Georg Müller vom Siel nach Worpswede und Dangast zur dritten überregional bekannten Künstlerkolonie im Norden.

Die letzten Jahre vor Ausbruch seiner Verwirrtheit wirkt Müller vom Siel in Dötlingen als Maler und Mallehrer vor allem von kunstinteressierten Frauen, denen nach kaiserlichem Gesetz verboten ist, an Kunstakademien zu studieren. Anna List, Anna Feldhusen, Marie Stumpe, Marie Stein-Ranke, Gertrud von Schimmelmann, Louise Droste-Roggemann, Emy Rogge und andere Malerinnen sowie zahlreiche Maler schließen sich der Künstlerkolonie an der Hunte unter Leitung von Georg Müller vom Siel an.

Für den Maler selbst aber gibt es keine Rettung. 1909, er ist Mitte 40, wird Müller vom Siel in die Nervenheilanstalt Wehnen bei Bad Zwischenahn eingeliefert, wo er für den Rest seines Lebens, bis 1939, lebt. Er malt, tuscht, aquarelliert noch bis 1930, für bizarr und geisteskrank erklärte Zeichnungen von vermeintlich fiktiven Landschaften, scheinbar autobiografischen Begebenheiten und, schockierenderweise, sexuellen und fäkalen Erlebnissen. Penisse. Kothaufen. Die grenzenlose Erleichterung nach dem Beischlaf, der in Erfüllung gegangenen Liebe, »Koith« nennt sie Müller vom Siel, was wie eine Neuschöpfung aus »Koitus«, »keusch« und »Gott« klingt. Seine Bilder verknüpfen innigstes Erfahren, comicstripartige Verfahren, ein feines Schriftbild und komplexeste, nach wie vor tabuisierte Bereiche. Die ganze Kraft und Schönheit seines Blicks kennzeichnet bereits seine Gemälde von abgeschiedenen Wäldern über den Huntetälern – Bilder, die nicht vergessen werden dürfen. Im Oldenburger Prinzenpalais öffnen die Gemälde von Georg Müller vom Siel die Räume, und die Weite kommt zum Vorschein.

Ich komme zum Ende, das heißt komme zurück zum Anfang. Denn wie stets ist das Ende nur ein neuer Anfang. Wir geben nicht auf. Wir fangen wieder von vorne an!
Es ist 42 Jahre her, seit mein Bruder und ich gemeinsam mit meiner Großmutter nach Oldenburg fuhren. Am Hunte-Ufer stand das Haus, in dem mein Großonkel wohnte, einen Garten hatte er, der zum Ufer des Flüsschens hinunterführte, groß und in meiner Erinnerung braun war das Haus, der Garten voller Gemüse- und Kräuterbeete, und am Ufer der Hunte, die unterhalb des Hauses gerade mal zehn Meter breit gewesen sein mag, stand ein Holzsteg, der war der Mittelpunkt unseres Oldenburger Sommernachmittags.
In der Stadt, in Oldenburg, habe ich seither bestimmt drei Dutzend Leute gefragt, wo dieses Haus, dieser Garten und dieser Steg gewesen sein könnten. Aber eine schlüssige Antwort habe ich nicht erhalten.
Erst durch meinen Landgang-Aufenthalt in Oldenburg wurde mir klar, dass dieser unvergessene Nachmittag von vor über vierzig Jahren vor den Toren der Stadt stattgefunden haben muss, dort nämlich, wo die Hunte noch ursprünglich anmutet, wo es noch eine Ahnung von der Weite gibt, die 1977 vielleicht noch eine wirkliche war.

Ich schließe mit einem Gedicht über den Hundsmühlener Hunteweg, der heute eine Siedlung ist wie Zigtausende in Deutschland. Dort stand das Haus, das es nicht mehr gibt. Dort war der Garten, durch den wir liefen. Nur der Fluss, in den wir Jungs sprangen, ist noch immer derselbe.

Meine Großmutter sagte: »Los, kommt, wir fahren nach Oldenburg, zu Kurt!« Der war ihr ältester Bruder. Von ihm habe ich kaum etwas in Erinnerung behalten. Umso mehr aber davon, wie es war, gemeinsam mit meinem eigenen Bruder in der Hunte zu schwimmen.

Sommertag in Hundsmühlen

Schreiend liefen wir zum Fluss hinunter.
In meiner Erinnerung stößt der Rasen ans Ufer,
und da war ein Steg. Wir rannten
durch den Garten
auf die Planken und sprangen
aus der Sommerhitze in das kalte Wasser.
Es war braun. War stark und schnell.
Die Hunte griff uns um die Beine.
Ich weiß noch, meine Arme,
das Rudern, um am Steg zu bleiben.
Und er zog an mir, der Fluss drückte mich
weg, in das späte Sommerlicht hinein. Aber
schreiend lief ich wieder hinunter zur Hunte.
Und neben mir schneller rannte mein Bruder.
Da war das Gras. Und ich spüre es noch.
Der Fluss der Freund den Nachmittag.
Die Magnolien da. Ein Duft nach Majoran.
Immer wieder schwamm ich zu dem Steg zurück.
Und unsere Großmutter kam und saß mit uns im Gras.

Für Stephan Bonné

Anmerkungen

1 Lars Gustafsson, »Der Optische Telegraf«, aus dem Schwedischen von Barbara M. Karlson, Secession Verlag, Zürich 2018

2 Christian Saalberg, »In der dritten Minute der Morgenröte«, Ausgewählte Gedichte, herausgegeben von Mirko Bonné und Viola Rusche, Schöffling & Co., Frankfurt a. M. 2019

3 Rutger Kopland, »Dank sei den Dingen«, Ausgewählte Gedichte 1966–2006, übersetzt und herausgegeben von Mirko Bonné und Hendrik Rost, Carl Hanser Verlag, München 2008

Judith Hermann

LAND, KREISE, ZIEHEN, WEITERZIEHEN
Mit Zeichnungen von Andreas Reiberg

I.

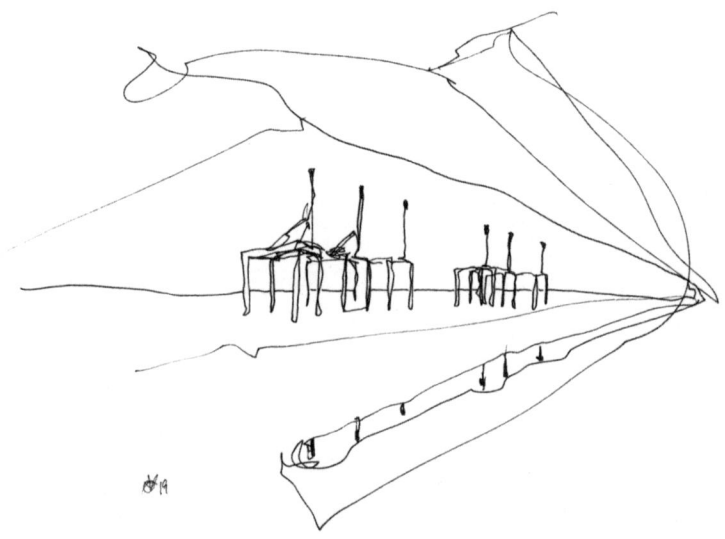

Mein Ururgroßvater Fritz Schmidt war am Ende des 19. Jahrhunderts Leuchtturmwärter auf der Insel Wangerooge, dem nördlichsten Zipfel des Oldenburger Landes. Er war der Vater des Vaters meiner Großmutter väterlicherseits. 1897 ging er in den Ruhestand und baute sich ein Haus auf dem Festland, in H. – spaziert man von dort aus am Wasser zwei Kilometer westwärts, taucht die Insel Wangerooge am Horizont auf, möglicherweise baute er das Haus in H. wegen dieser Aussicht. Als er den Leuchtturm verließ, zog er mit seiner Hochzeitsausstattung um – drei Betten mit wurmstichigen Rahmen, eine Truhe, ein blinder Spiegelschrank und eine kaputte Uhr. Er starb in seinem 75sten Lebensjahr, seine Frau Auguste wenig später. Meine Großmutter verbrachte die Sommer ihrer Kindheit und Jugend in H., nach dem Tod ihrer Großeltern blieb sie ein halbes Jahrhundert lang weg, als sie zurückkehren durfte, war sie alt. Ich war zwei und sie nahm mich mit, vielleicht zu ihrem Schutz. Sie schloß das verlassene Haus auf, heizte die Küche, holte schwere Federdecken und klamme Kissen aus der Truhe, sie erkannte alles wieder. Sie legte mich in eines der Betten mit den wurmstichigen Rahmen, genauer gesagt, in das Bett, in dem ihre Großmutter gestorben war.

Ohne den Leuchtturmwärter, ohne meine Großmutter, wäre ich sicher nicht auf die Reise durch das Oldenburger Land gegangen. Aber ich schlafe in H. noch immer in dem Bett, in dem meine Urgroßmutter gestorben ist, ich verbringe jeden Sommer an der Küste und je älter ich werde, desto mehr verlagert sich das Berliner Leben nach Friesland. Ich spaziere am Abend über die Strandpromenade, bei gutem Wetter ist die Sicht frei auf die Bucht, die Kräne vom Jade-Weser-Port, die Silhouette von Bremerhaven, manchmal kannst du fast Bäume sehen, ein schimmerndes Gestade, durch die Fahrrinne ziehen die Containerschiffe raus in die Welt. Wie ist der Strand in Butjadingen, welche Wege erstrecken sich auf der anderen Seite des Jadebusens über das Land. Müsste ich davon nicht etwas wissen? In Erfahrung bringen – Anteil nehmen an der Gegend, in der ich

leben will. Ich weiß nicht, ob meine Großmutter, die im Alter eine Reisende gewesen ist, jemals auf der anderen Seite war. Wenn du aus Berlin kommst, ist Berlin die Welt. Alles andere – ein Ameisenhaufen auf diesem oder jenem Grund.

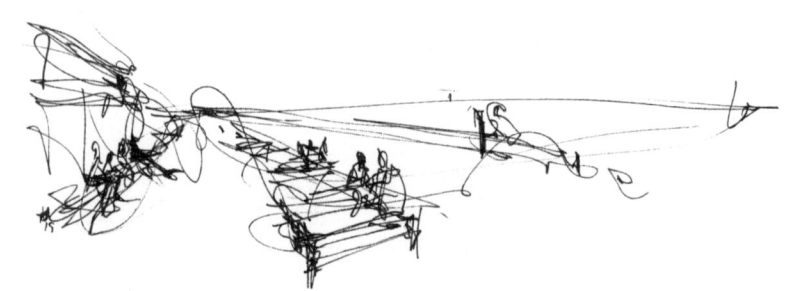

Warum, sagt A., hast du mich gefragt, ob ich dich auf dieser Reise begleiten will.

Komische Frage, sage ich. Vielleicht schlicht, weil ich diese Reise alleine nicht hätte machen wollen?

Ja, sagt A., das weiß ich. Aber hast du mich als Zeichner, oder hast du mich als Freund gefragt.

Ich sage, oh. Ich fürchte, darüber habe ich noch gar nicht nachgedacht.

Wir führen dieses Gespräch auf der Terrasse eines Lokals am Südstrand in Wilhelmshaven, mittags um zwei am 16. September 2019. Wir trinken Tee. Über den Teegläsern stehen die Wespen, es ist Spätsommer, die Stunden mit den Wespen sind gezählt. Der Tag ist ungewöhnlich warm und windstill, das Wasser in der Bucht ein Südseewasser, milchblau und glasig. Die Promenade zieht sich am Ufer lang, eine geschwungene Linie, die die Stadt öffnet, mit sich hinaus ins Weite nimmt. Ich habe mir für diese Reise ein graues Notizbuch gekauft, A. hat sich für ein schwarzgebundes Skizzenbuch entschieden, das in Wilhelmshaven schwer zu finden gewesen ist. Wir sitzen mit unseren leeren Büchern vielleicht eine Stunde in der Sonne, dann stehen wir auf, zahlen und gehen zusammen die Promenade entlang in einem Schritt, der sich an den des anderen noch gewöhnen muß.

Von hier aus fangen wir an.

Wir steigen im Wattenmeerhaus die Treppen hoch bis auf die Aussichtsplattform, auf der Aussichtsplattform steht eine Bank und ich setze mich hin. Ich nehme das Notizbuch aus der Manteltasche, klappe es auf und schreibe einen allerersten Satz hinein, es fühlt sich merkwürdig an, etwas unecht und dennoch so, als gäbe es von hier ab kein Zurück mehr: »Auf dem Teerdach vom Haus Seerose liegt ein roter Kinderschuh wie ein von einer hohen Welle angeschwemmtes rätselhaftes Strandgut«, das schreibe ich, dann klappe ich das Buch wieder zu.

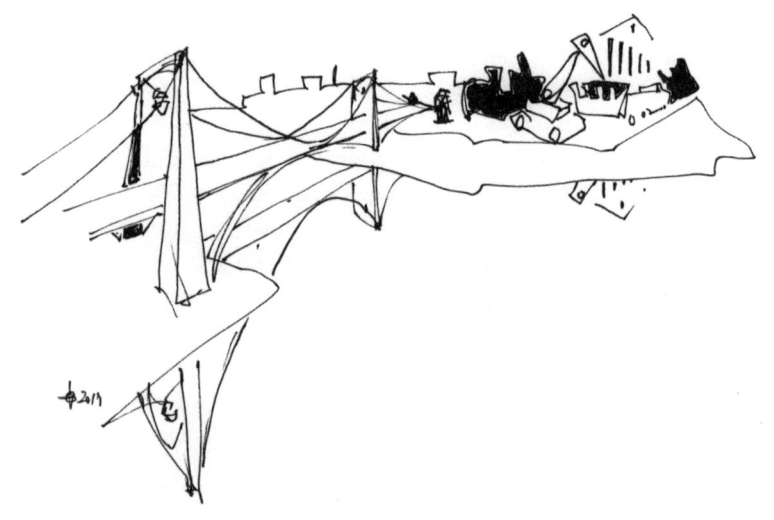

Das Meer ist glitzrig, es blendet, die Fischer auf der Promenade sind Scherenschnitte, die Sonne wärmt wie im August, aber unter der Wärme ist eine dunkle Strömung, etwas Kühles, ein Schatten. Ich gehe zu A. ans andere Ende der Plattform, er hat den Blick auf das Marinemuseum, das Marinemuseum ist auffallend gut besucht, die Leute klettern in das U-Boot rein und wieder raus, schlendern heiter um die Torpedoboote herum, die Fahnen knattern, auf den Fahnen sind Jets und Raketen. Von Nordfrost klingt das Hämmern von Stahl auf Stahl, ein erstaunlich archaisches Geräusch, und auf der gegenüberliegenden Seite des Wassers fährt ein winziger Bagger Schaufeln von Schutt über eine Baustelle hin, die eine Brache ist vor der zurückhaltenden, beinah schüchternen Silhouette der Stadt. Eine Lücke – die Kaiser-Wilhelm-Brücke schlägt den Bogen über das Wasser und trifft auf eine Leerstelle, die alte Südzentrale, das Kraftwerk im Jugendstil, ist abgerissen worden. Fehlt.

A. sagt, ich hole mal mein Büchlein raus.

Wir müssen uns jetzt entscheiden – zeigen wir einander, was wir zeichnen und schreiben oder zeichnen und schreiben wir für uns alleine und fügen das erst am Ende zusammen; wir entscheiden wortlos: Ich trete beiseite und gehe zurück zu der Bank in der Sonne mit dem Blick auf den Strand, an dem eine Frau zum vielleicht letzten Mal in diesem Jahr ins Wasser geht, erst zögert, dann weit hinaus schwimmt.

»Vermutlich«, schreibe ich, »habe ich A. als Zeichner gefragt. Als Zeichner, der mein Freund ist.«

II.

In Jever verbrachte ich vor fünfunddreißig Jahren die Tage im Schloßpark auf der Wiese am Wasser und in Gesellschaft der Pfauen, der Enten, der Freunde, die aus Hooksiel, St. Joost und Waddewarden kamen. Wir gruben Erdlöcher. Füllten sie mit Kies und steckten ein Chillum ins eine, den Hals einer Weinflasche ins andere, wir rauchten Gras aus dem Erdloch, Cannabis aus Holland, wir zogen abwechselnd, der Rauch schmeckte nach Lehm, nassen Kieseln und Gras. Wir legten uns auf den Rücken und ließen uns von den Wolken ziehen, Haut kühl wie Pfefferminze und alle Geräusche von sehr weit weg; später setzten wir uns auf die Bänke, aßen Schokolade, tranken Vanillesoße aus dem Tetrapak, wir lasen Camus, Hesse, Sartre, Gedichte von Bukowski und von Hölderlin, erstaunlicherweise hatte das eine was mit dem anderen zu tun, reichten Bukowski und Hölderlin sich die Hand. »Darauf achten, was dir die Blumen sagen, das qualvolle Schicksal der Schildkröte begreifen, um Regen beten wie ein Indianer, ein volles Magazin in die Automatik schieben, das Licht ausmachen und – warten.« Als ich Kind gewesen war, war ich an den ewig langen Regentagen der immer kalten Sommer unzählige Male mit meiner Großmutter ins Schloß zu Jever gegangen, der Raum mit dem Sand auf dem Boden war mir der liebste gewesen, die Bettchen in ihren blauen Schränkchen ein Kindertraum. Wir hatten im Schloßcafé Kalter Hund gegessen, Ostfriesentee dazu getrunken mit Kandis und Sahne; der Weg von diesen Nachmittagen an der knochigen Hand meiner Großmutter hin zu den Nachmittagen mit den anderen und dem Geschmack von Erde, Dope und Weißwein auf der Zunge ist für meine Begriffe ein ganz gerader, obwohl meine Großmutter da vollständig anderer Meinung gewesen war. Wir saßen auf den Bänken, wir lagen, küssten einander auf den Bänken, triggerten Punkte, von denen wir nichts wussten und alles ahnten, der bekiffte Zustand zog die Berührungen in eine extreme Länge, rahmte sie in diese minzige Kühle ein wie in Silber. Der Schloßpark war ein schattiges Zuhause, die Blätter bei Regen ein Dach, die Pforte des schmiedeeisernen Gitters eine geheime Tür: Alles gehörte uns.

Im Büro der Museumsdirektorin des Schlosses zu Jever ist es behaglich und warm, es riecht nach feuchtem Mauerwerk, staubigen Büchern, Sommerhäusern. Wir setzen uns schüchtern, unausgesprochen hoffen wir, hier einen roten Faden zu finden für den Weg durch diese Stadt, die uns beiden viel zu nah ist, auch A. ist sie zu nah. Er hat ein jeversches Leben, er wohnt fünfzehn Kilometer entfernt im Jeverland und für meine Begriffe ist die ganze Stadt von seiner Arbeit geprägt, der gesamte jeversche Raum von seinen Schriften und Signets gestaltet. Wir bekommen Kaffee mit Milch. Wir bekommen Ludwig Strackerjans Handbuch des Aberglaubens aus dem Oldenburger Land ans Herz gelegt und ausgehändigt und die Geschichte von der Hexe Tommet Onneken erzählt, der das protestantische Fräulein Maria Wachs für ein Voodoo-Püppchen ausgegeben hat, für eine Figur zum Besten des Landes, auf dass kein Feind und keinerlei Unglück durch die Grenze kommen möge; das Voodoo-Püppchen trug eine Münze auf dem Haupt und in seiner rechten Seite steckte eine Nadel. Wir sprechen über Zauber dieser Art. Über Inquisitionsprozesse, Scheiterhaufen, Enthauptungen, Scharfrichter und Folterungen, die Museumsdirektorin ist im Gegensatz zu den düsteren friesischen Geschichten so freundlich und lebhaft, sie ist friedlich.

Einen roten Faden bekommen wir nicht.

Die Geschichten und Bilder, die der Stadt Jever gehören, sind das Gegenteil der Geschichten, die der Stadt Wilhelmshaven gehören. Das Schloß zu Jever ist die Herzkammer der Stadt, die Stadtbefestigung öffnet sich vom Geestrücken aus in die Landschaft, das Fräulein Maria ist eine Galionsfigur. Eine Woche lang ist ihr Tod geheim gehalten worden – bis der Oldenburger Bote über das Schwarze Brack hin- und zurückgeritten war, dann ging das Jeverland an Oldenburg und Johann von Schagen hörte auf, hinter verschlossener Tür die Speisen der Toten zu essen, um vorzutäuschen, daß in dem dunklen Zimmer noch ein Herz schlug; es muß eine Erleichterung gewesen sein, damit aufzuhören. Die Bauern der Wesermarsch ziehen am Ende ihres Lebens nach Oldenburg, die Wangerländer Bauern nach Jever – es gelten die Gesetze der Ahnen, Erbrecht und Überlieferung. In Jever gibt es den unterirdischen Gang, der zu dem Tisch hinführt, an dem das Fräulein Maria sitzt bis ans Ende all unserer Tage und bei ihr sitzt ein schwarzer Hund mit Augen wie Kohlestückchen; die Jeveraner sind gefestigte und heitere Leute, sie stehen unter dem Schutz dieser ihrer Königin, die treu und immer über sie wacht. Jevers Straßen sind blank, seine Bürger gebildet, zufrieden und auf eine leicht aus der Zeit gefallene Weise selbstgewiß. Nur nach Einbruch der Dämmerung, nur spät in der Nacht tauchen andere Gestalten auf, Leute, die alleine unterwegs sind, mit sich selber sprechen, ramponierte, unvollständige und ratlose Leute, die auf klappernden Rädern um die Ecken biegen, in den schmalen Gassen verschwinden. Sie sind an diese ihre Stadt gebunden wie die Kaufleute, die Lehrer und die Apotheker, die Grüßenden, sie grüßen auch, aber anders, sie sind scheu und sie haben sicher ganz andere Gewißheiten.

Was, frage ich mich später, hat A. in Jever eigentlich gezeichnet. A. hat in Jever sein Skizzenbuch gar nicht erst aus der Tasche geholt.

III.

In Westerstede, schreibt der Reiseführer, sollst du spazieren gehen, hinaus ins Ammerland, in die Parks und Gärten der Umgebung, du sollst wandern. Wir könnten zu den Rhododendren wandern und entscheiden uns dagegen, wir entscheiden uns dafür, auf einem Schlachtfeld wandern zu gehen. Unklar, woher das Blutrünstige dieser Zielsetzung kommt, vielleicht haben wir das doch aus Jever mitgenommen, das Dunkle aus dem Gang unter dem Schloß mit dem Fräulein und dem Hund mit den Augen wie Kohlestückchen – wir wandern in den Wald zum Denkmal für die 7000 Friesen, die zwischen Fikensolt und Mansingen von den Ammerländer Bauern erschlagen worden sind. Ich sehe aus sicherer Entfernung zu, wie A. sein Skizzenbuch aufschlägt und zeichnet. Vielleicht den Obelisken. Den Wald um den Obelisken herum, ein Dickicht, das in den letzten hundert Jahren hochgeschossen ist, dieser Ort war zu Baubeginn gerodet und der Blick ging weit. Kann sein, er skizziert Farn. Die Mauer. Das Strauchwerk. Die Bauern, einen Ammerländer Bauern, der einem friesischen Bauern den Schädel mit der Axt spaltet, so lange her. Vielleicht zeichnet er einen Zeitstrahl, eine Lichtungsgeschichte im Zeitraffer, ein Daumenkino, aus dem winzige Menschlein fallen und aufstehen, fallen und aufstehen und um sie herum wächst ein Wald, steht in Flammen, wird gerodet, wächst wieder, wird gerodet, wächst. Mischwald. Laubhaufen, winzige Menschlein unter Haufen aus Laub, aus Steinen und Erde und vielleicht Pferde, dann Panzer, dann nichts mehr und dann zwei Leute mit zwei Büchlein auf dem Waldweg in einem gewissen Abstand voneinander und das sind wir. Im Hier und Jetzt. In einem beliebigen, beiläufigen Frieden – Borkenkäfer, staubiges Licht zwischen den Stämmen der Bäume, Duft von Nadeln, Moos, Beeren, das Jahr 2019.
Das Zufällige unseres Zusammenseins, ein Septemberspaziergang in einer ungebrochenen Welt.

Zeichnet A. das?

Ich sitze eine ganze Weile so da, ich warte.

»Die Stelle«, schreibt Strackerjan im Handbuch zum Aberglauben aus dem Oldenburger Land, »wo früher die Burg von Mansingen gestanden hat, ist noch durch zwei Hügel zu erkennen und wird jetzt Hammjeborg genannt. In den Hügeln sollen reiche Schätze vergraben sein, bewacht von einem riesigen Hahne mit rotgelben, wie Feuerflammen leuchtenden Federn«; wir folgen den Wallhecken, bis der Wald aufgeht und den Burghügel freigibt, die Burg ist verschwunden, statt ihrer stehen prächtige Buchen im Kreis, wie ein Tanzplatz, ein energetischer Ring.

A. setzt sich auf einen umgestürzten Baumstamm, ich setze mich auf einen anderen, er holt sein Skizzenbuch raus, schon zum dritten Mal innerhalb kürzester Zeit. Ich müsste mein Notizbuch aufschlagen, den Stift in die Hand nehmen, ich lasse das sein, ich lese weiter im Strackerjan »dem Hahn waren die Füße zusammengebunden, so daß er nur hüpfend sich fortbewegen konnte und nach jedem dritten Sprunge fiel er hin«, ich denke, die Zeiten, in denen die Leute nach Schätzen gesucht haben, sind vorbei, die Zeiten, in denen ich geglaubt habe, dass es auf dieser Welt Schätze zu heben geben könnte, ebenso. Das Wort Schatz hat eine durchlässige Bedeutung bekommen, jetzt sind andere Dinge ein Schatz, Zeit ist ein Schatz, Gesundheit auch, Gegenwart ist ein Schatz, wer hätte das gedacht. Ich sitze auf meinem Platz und A. auf seinem und der Wald um uns herum ist leise, ohne Vögel, aber mit einem leichten Rauschen der Bäume, Rascheln in Halmen und entfernt die Motorsägen der Baumschulen, Verkehr auf der Straße und Baumaschinen, Geräusch von geschüttetem Kies. A. ist so versunken in seine Skizze, erst, als er das Buch zuschlägt, stehe ich auf, gehe zu ihm hin und frage ihn zum ersten Mal, was er gezeichnet hat.

Was hast du denn gezeichnet.

Er deutet auf den Abhang, den zugewucherten Burggraben, in dem ein umgestürzter schwarzer Baum sich in das Dickicht eingewachsen hat, ein Fabelwesen, schlafender Drache, dieser

Drachenbaum vor den ordentlichen Reihen der Setzlinge auf der Lichtung und hinter der Baumschule wieder der Wald.

Erstaunlich, sagt A., dass die Bäume der Baumschule das aushalten zwischen der Wildnis und der Wildnis.

Ich sehe mir an, was er gesehen hat, ich sehe möglicherweise das, was er gesehen hat. Vielleicht sehe ich aber ganz etwas anderes, bleibe ich mit meinem Blick in meiner Welt.

Was, sagt A. am Abend im Restaurant des Hotels, das so ist, wie ich mir die Gasträume des vergangenen Jahrhunderts vorstelle, geschlossenes Zimmer mit sieben Tischen darin und alles andere bleibt draußen – die Kasse, der Tresen, die Garderobenständer, Zierpalmen, Weinregale, das Kartenlesegerät und der ganze Rest der Welt – hohe Wände, die Vorhänge vor den Fenstern fest geschlossen, was ist das eigentlich für eine merkwürdige Reise, auf der wir hier gerade sind.

Tja, sage ich. Ich weiß auf diese Frage bisher noch keine Antwort. Du?

A. denkt eine Weile nach, dann sagt er, nein, ich weiß auch noch keine.

Also lassen wir das so stehen. Wir trinken ein wenig Wein und essen was dazu, die Kellnerin verhält sich, als wäre A. ihr einziger Gast und ich ein bloßer Gegenstand, ich spreche ihn darauf an, er hebt die Schultern, scheint nichts Neues für ihn zu sein, das ist er so gewohnt. Es ist spät. Wir sind beide ziemlich müde, vom Tag, vom anderen, vom ständigen Blick, dem ständigen Befragen der Dinge müde, und morgen vor Sonnenaufgang müssen wir weiter nach Cloppenburg.

Im nächtlichen Wald, so viel jedenfalls weiß ich, scharrt der große Hahn zwischen den Buchen auf dem dunklen Tanzplatz mit den zusammengebundenen Füßen, er lauscht ins Dunkle, dann steckt er den Kopf tief ins rotgoldene Gefieder hinein.

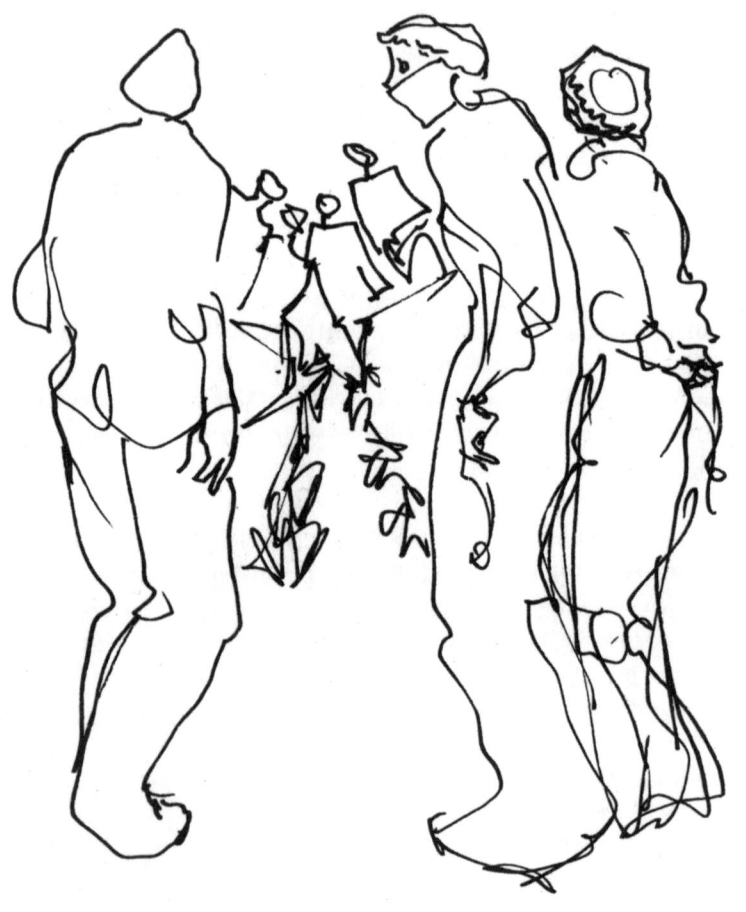

IV

»In Cloppenburg«, schreibt Strackerjan, »lebte der Drost Johann von Dinklage, ein hartherziger Mann, der nach seinem Tode im Grabe keine Ruhe fand, als er im Sarge gelegen, wäre so viel Jauche aus dem verpechten Sarg gelaufen, als wenn ein Töwer Wasser umgestürzt worden, ein grausamer Mann, der wiedergehen musste und die Leute abends auf ihren Gängen erschreckte« – wir wussten nichts von Johann von Dinklage, als wir uns mit dem Beauftragten für Tierschutz, Herrn O., zu einem Besuch des Schlachthofes von G. verabredet hatten, wir hatten bei den Gesprächen zu diesen Tagen, der gemeinsamen Reise – im August, auf der Bank vor dem Haus mit Blick auf Acker, Deich und Himmel – weder das Wort Tierschutz noch das Wort Jauche im Kopf gehabt. Wir hatten vom Sowohl-als-auch gesprochen, der unsicheren Liebe zum Land, dem verschwindenden, agrarwirtschaftlich besetzten, genutzten und geordneten Land, den Wildblumenstreifen an den Feldrändern, Windparks, Milchviehbetrieben und ab und an, ganz selten, ein wilder Wiesenpfad, Hagebuttenhecken, ein ungemähtes Flur-stück und zwei Rehe über Stacheldrahtzäune auf und davon, darüber hatten wir gesprochen.
Über der Straße nach G. geht die Sonne auf, an der Ampel ste-hen die Schulkinder und warten auf Grün, verschlafene Kinder in schon herbstlich dicken Jacken auf ordentlichen Rädern, fast alle mit Helm, eines stopft sich träumerisch noch ein letztes Stückchen Kuchen in den Mund, während es wartet, und die friesisch weißblonden, die hübschen und kühlen Mädchen ste-hen ganz vorne, rollen als erste los, als die Ampel schaltet.
Was, fragen wir uns, hat uns eigentlich zum Schlachthof und zu den Hinrichtungen geführt. Cloppenburg, dachten wir, ist Schweinemastland. Wir dachten, wir sehen uns das mal an. Was kann man von Cloppenburg sonst noch erzählen? Das haben wir tatsächlich gedacht.

Und also fangen wir jetzt in dieser Halle des Schlachthofes mit der Zerlegung an, arbeiten uns rückwärts bis zum Schlachten vor, wir müssen Schutzanzüge anziehen, Plastiktüten über die Schuhe streifen, uns die Hände waschen wie vor einer Operation. A. sieht mit seiner rosa Schutzkappe wie ein indischer Fakir aus, möglicherweise ist er ein indischer Fakir, möglicherweise sind wir indische Chirurgen auf dem Weg in ein Atomkraftwerk auf einem unbekannten Planeten, ich spüre, wie ich mich in mich selbst zurückziehe, mich abkapsele, einspinne, bißchen zu trödeln anfange und von dem, was um mich herum passiert, gar nicht mehr so richtig was wissen will. Ich fokussiere A. Ich laufe einfach A. hinterher, an all den konzentrierten und geschäftigen Menschen an Fließbändern mit hohem Tempo, fast schon rasanter Geschwindigkeit vorbei, die jeder nur ein kleines Teil zerlegen, ein Was abzwacken, abschneiden, die Klauen, den Schwanz, das Ohr, das Bäckchen, das auf dem Fließband liegende Fleisch hat mit einem Schwein nichts zu tun, es ist nicht wirklich eindeutig, von was für einem Material da was abgesägt, mit großen Zwingen grob und heftig abgedreht wird. Irgendein Material. Eine Kopie von etwas, wir könnten denken, wir kämen drumherum. Aber wir kommen natürlich nicht darum herum, sondern genau darauf zu – auf das geöffnete Tor zu, aus dem heraus halbe Schweine am Deckenförderband an Haken baumelnd in einer endlosen Folge aus der Tiefkühlhalle schwanken wie Statisten aus der hinteren auf die große Bühne, ein Vorhang von Schweinen, der sich in ein eiskaltes Theater ergießt und dort auseinandergenommen wird und das, was abfällt, bleibt liegen, haftet an unseren Füßen, am blauen Plastik der Schutzschuhe, an uns. Schleim. Schmodder. Knorpel von Fleisch, Glitsch. Ich falle zurück.

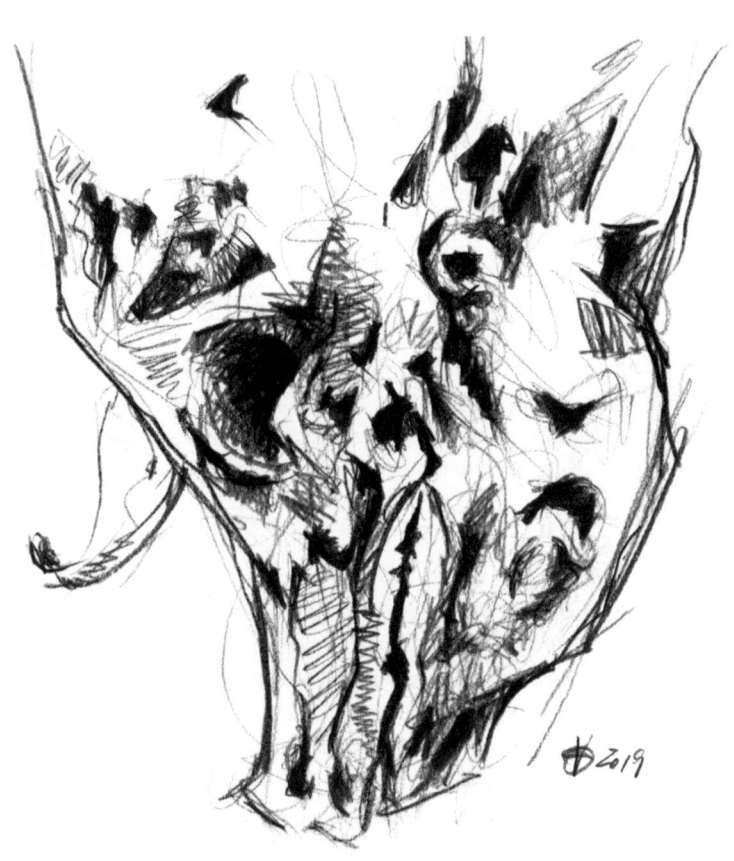

Weiße Rippenbögen, ein geteilter Kiefer, die trockene Beschaffenheit der rasierten, abgeflammten Haut.

Kälte.

Graues Linoleum, die blutbefleckten Kittel der Zerleger, das Rauchbraun und Ocker der Tiefkühlhalle, die orangen Kisten, der Mann, der breitbeinig und sicher mitten im Gang steht und mit dem schärfsten Messer der Welt und der Präzision eines Uhrwerks den an ihm vorbeiziehenden Schweinehälften ein entschiedenes Stück vom Unterschenkel absäbelt und das schärfste Messer der Welt schneidet in dieses Fleisch wie in eine Butter. Die Messer werden in kleinen Gitterkörben durch die Gegend getragen.

Sie werden eingesperrt, als wären sie Bestien. Was sie auch sind.

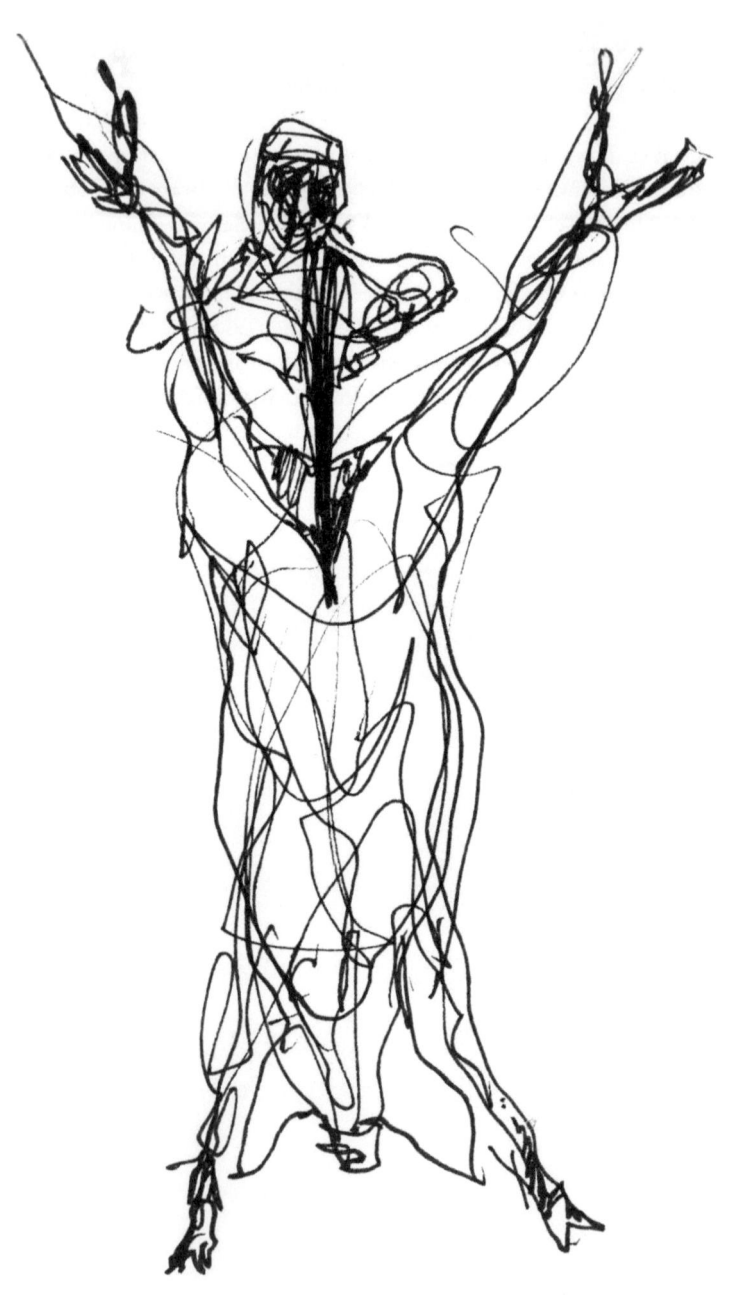

Aus dem Flammofen kommt das getötete Schwein, kopfüber an den gespreizten Hinterbeinen aufgehängt, ausgeblutet, enthaart und abgeflammt, es fährt vor den Mann auf dem Podest, der darauf wartet, daß wir zu ihm aufsehen, daß wir hinsehen, und das tun wir. Er hebt die Säge und setzt sie an den After des Schweines, das jetzt vor ihm angelangt ist, er sägt das ganze Schwein mit einem angemessen sakralen Ernst in der Mitte entzwei, genau in zwei präzise Hälften. Das Schwein fällt auseinander. Es gibt sich auf. Es gibt seine Gestalt auf, die Idee einer Schöpfung, eines Lebewesens, die Idee gibt sich auf, sie zerfällt in zwei Stücke. Unbegreiflich, daß eine Idee auf eine so perfekte Weise in zwei Hälften geteilt werden kann, unbegreiflich die Parallelität dieser Hälften, die Gleichheit der äußeren Extremitäten, das Gleichgewicht und die Entsprechungen, ein in der Mitte zerschnittener Spiegel, ein Spiegel überhaupt. Ich kann später noch über Tage hinweg in keiner Weise anders, als die Menschen um mich herum in zwei Hälften fallen zu sehen.

Am Ende dieses denkwürdigen Tages klingelt A.'s Telefon. Das Klingeln grenzt die gemeinsame Reise ab, es beendet sie. Wir müssen auseinandergehen, diese Dinge passieren, letztlich passieren sie immerzu und wenn nicht uns, dann den anderen, so sieht es aus. A. packt seine Sachen und reist ab. Vielleicht wird er wiederkommen, vielleicht nicht. So ist das. Wir verabschieden uns kaum, eigentlich gar nicht. Es fühlt sich so an, als wären wir in einem großen Strom von Menschen zufällig auseinandergerissen worden, zufällig und endgültig zugleich. So endgültig, daß es unsinnig wäre, diesen Zustand irgendwie zu benennen – Enttäuschung, Ratlosigkeit, Traurigkeit. All das ist da und es ist nicht da.

Ich bleibe alleine im Hotel zurück. Ziehe meinen Pullover aus und lege ihn in das Waschbecken vom Hotelzimmerbad, wasche ihn mit Shampoo, spüle ihn aus, wasche ihn noch einmal und ein drittes Mal, ziehe ihn durch kaltes Wasser, drücke ihn aus, weiche ihn noch mal ein. Möglicherweise tue ich das, um nicht in Tränen auszubrechen, aber vor allem tue ich das, um den Geruch von Blut, Kot und verbranntem Haar aus der chilenischen Wolle herauszubekommen. Ich hänge den tropfenden Pullover an die Heizung. Ich gehe aus dem Hotel, durch die Fußgängerzone bis zu ihrem Ende hin und wieder zurück. Ich setze mich im Stadtpark auf eine Bank und sehe zu, wie weit entfernt ein Kind auf eine unsägliche Skulptur klettert und wieder runterklettert, das Licht sich aus dem Tag stiehlt.

V.

Am Ende ihres Lebens hat meine Großmutter unentwegt Kirchen besichtigt. Sie hat einsame Reisen an eigenartige Orte gemacht, sie ist alleine nach Rothenburg ob der Tauber, nach Schleiden und ins Elbsandsteingebirge gefahren, manchmal ist mein Vater mit ihr gereist, ab und an habe ich sie begleitet, meist ist sie alleine gewesen. Sie hat in billigen Pensionen übernachtet, alleine zu Mittag gegessen, abends im Bett vermutlich den Reiseführer, die Wanderkarte studiert, sie ist der Inbegriff einer alleinreisenden älteren, dann alten Dame gewesen. Wenn ich länger darüber nachdenke, kommt es mir so vor, als wären diese alleinreisenden älteren Damen aus der Welt gefallen, als gäbe es sie gar nicht mehr, als wäre meine Großmutter eine der letzten ihrer Art gewesen. Auf meinen unzähligen Lesereisen an Orte wie Rothenburg, Schleiden und Glashütten Schloßborn bin ich ihnen nicht begegnet, was, fällt mir ein, auch daran liegen könnte, daß ich selber eine bin und dementsprechend unfähig, eine zweite zu erkennen. Meine Großmutter jedenfalls hat diese tapferen Reisen gemacht und sie hat Postkarten geschickt mit Vermerken zum Wetter, zur Aussicht, zur Stimmung, Markierungen eher, eine Durchgabe von Koordinaten – hier war ich und es ging mir, soweit, gut.

Ich weiß, daß sie, wo immer sie gewesen ist, die Kirchen besichtigt hat. Sie war konfessionslos, sie hatte drei konfessionslose Söhne, drei ungetaufte Enkelkinder, sie kam aus einer Familie, in der über Religion selten gesprochen worden ist, aber sie hat am Ende ihres Lebens die Kirchen besucht. Was hat sie dort gemacht? Kerzen angezündet, an den doch oft trostlosen Gottesdiensten teilgenommen? Hostien gebrochen, Andacht gehalten, gebetet, hat sie, auf ihre Art, zu jemandem und für etwas gebetet. Ich erinnere mich daran, ihr auf einer meiner Lesereisen an einem Nachmittag im Dom zu Braunschweig und zwanzig Jahre nach ihrem Tod wiederbegegnet zu sein – selbstverständlich nicht meiner wirklichen Großmutter, aber doch einer Frau, die ihr im Aussehen, der Kleidung, der Haltung auf eine Weise ähnlich war, die mir das Blut in den Adern gefrieren ließ. Es gibt Wiedergänger, ich habe einige Menschen, die nicht mehr da sind, an den erstaunlichsten Ecken der Welt wiederauferstehen sehen und im Dom zu Braunschweig war es eben meine Großmutter, die vor dem Marienaltar gerade eine Kerze anzündete, als ich sie entdeckte. Ich blieb in ihrer Nähe, verfolgte mit einigem Abstand ihre tappenden suchenden ernsthaften Gänge von einer Seite des Kirchenschiffes auf die andere, hinunter in die Krypta, an den Gräbern Heinrichs des Löwen, Karls des I., Maximilian Julius Leopolds vorbei und zurück zur Welfentumba, zum siebenarmigen Leuchter. Ich verfolgte sie, bis ich satt war, ich kann es nicht anders nennen – ich sah mich noch einmal an der Gestalt meiner Großmutter satt und erkannte alles wieder: ihre Art, den linken Arm infolge einer überstandenen Kinderlähmung nachzuziehen, ihre dicke Brille, die Angewohnheit, sich die Nase mit einem Stofftaschentuch zu reiben, die Haltung, mit der sie sich den Kirchenführer dicht vor die Augen hielt, dann sinken ließ, um das Beschriebene anzusehen, dann wieder las, was sie da eigentlich gesehen hatte. Das Grabmal Heinrichs des Löwen und Mathildes von Engeland, das Modell des Doms in der rechten Hand Heinrichs, die Schlaufe des Mantels in den vor der Brust gefalteten Händen Mathildes. Der eigensinnige Ausdruck im Gesicht meiner Großmutter, störrisch, weltenabgewandt und neugierig zugleich, ein kluges Gesicht, umso kindlicher, je älter sie wurde, ihre dunkelbraunen Augen schwimmend hinter den Brillengläsern, fragend. Ich dachte nicht daran, diese Frau, diese Fremde, die meiner Großmutter glich, anzusprechen. Darum wäre es nicht gegangen, die Zwillingshaftigkeit hätte sich, das wusste ich, mit der Ansprache als Irrtum herausgestellt. Es ging nur darum, meine Großmutter noch einmal zu sehen, sich daran zu erinnern, wie sie gewesen war. Sie hatte ein in psychischer und physischer Hinsicht schweres Leben gehabt, vielleicht haben alle Frauen ihrer Generation ein schweres Leben gehabt. Im Alter, in den zwanzig Jahren, die ich mit ihr verbringen durfte, war sie friedfertig, humorvoll, gelassen und im Geist sehr beweglich gewesen. Was, frage ich mich, wollte sie von den Kirchen wissen und was hat sie gefunden. Ist sie getröstet gewesen und wenn ja – wodurch. Wo sind die Postkarten hin, die sie uns geschrieben hat, wohin sind die verschwunden. Sie könnten eine Antwort geben, zwischen ihren Zeilen wäre eine Auskunft versteckt. Aber die Postkarten sind fort. Sie sind zerfallen, haben sich aufgelöst. Sie sind perdu.

In Delmenhorst bin ich alleine und ich gehe nicht in die Kirche, ich kann mich später auch an gar keine Kirche erinnern. Ich gehe am Burggraben lang, folge einer Spur von Schritten und von Schatten, ich stelle mich in das Zentrum der Spirale aus Steinen, die die abgegangene Wasserburg ersetzen soll, mache die Augen zu und spüre gar nichts. Ich denke an die mit Kreide auf Asphalt gezeichnete Schnecke im Schulhof, in der ich verschwand, als ich sechs war, an die Laubhaufen in den Ecken des Schulhofes, in die der Wind ging, einen Strudel machte, in den ich hineintrat mit der klaren Absicht der Welt abhanden zu kommen. In der Spirale auf der Burginsel steht die Zeit still, aber ich verschwinde nicht. Ich bin da, und außer mir sind etliche gleichgültige schneeweiße Gänse da, die Gänse würden A. gefallen, aber A. ist nicht da, ich bin ohne ihn in Delmenhorst. »Ohne ihn«. Welche Wege wären wir gegangen, wäre er hier? Ich gehe über alle Graftenringe, auf die innerste Insel und zurück, der Parkweg wird ein Sandweg, verläßt das Gehege, wird ein Pfad, der in die frühherbstlichen Wiesen führt, diesem Pfad folge ich, bis ich ganz woanders bin; zusammen wären wir hier weiter und weiter, bis – aber weil A. vorläufig und überraschend zurück in sein Leben und nach Hause gefahren ist, kehre ich um, bevor ich die Stadt und die Zusammenhänge aus den Augen verlieren könnte. Espresso in der Gelateria Palazzo, ein Eis an der Bude vom Minigolfplatz, zusammen mit dem Besitzer bißchen MASH gesehen in einem winzigen tragbaren Fernseher, dann eine Stunde am Wasser gesessen. Die Demonstranten rollen zu-

frieden die Fahnen zusammen, es ist Freitag. Wespen über lauwarmer Pepsi-Cola. *Ad Astra* im Cinemaxx am Bahnhof, dieses Kino, an dem ich auf jeder Reise ans Meer vorüberfahre und in dem ich nun plötzlich tatsächlich sitzen darf, als wäre ich eine der winkenden Gestalten an den Bahnübergängen in der Provinz und in einer sommerlichen Abenddämmerung – wie mag es sein, hier zu leben. Der Versuch, eine Postkarte mit der Ansicht von Delmenhorst zu erstehen, scheitert, ist absolut vergeblich, Ansichtspostkarten von Delmenhorst gibt es hier nicht. Wem auch hätte ich schreiben wollen. Was. Die Delme so scheu und leise zwischen den Häusern weg und von der Überführung am Bahndamm plötzlich verschluckt. Der Ausnahmezustand ist gar nicht, dass A. weg ist. Der Ausnahmezustand ist, daß A. an meiner Seite gewesen ist. Ich bin das Alleinreisen gewohnt – ich möchte, dass dieser Satz ganz und gar sachlich klingt; ich bin schon mit fünfzig in der Art von Alleinsein angelangt, in der meine Großmutter mit fünfundsiebzig ihre Tasche gepackt hat, um alleine nach Augsburg und Bad Zwischenahn zu reisen. Wie zufrieden ist sie mit diesem Alleinesein gewesen, wie defizitär oder selbstverständlich hat sie das empfunden, eine Frage, auf die ich mir die Antwort selber geben muß. Es ist total vertraut, alleine im Hotel auf dem Sessel zu sitzen, aus dem Fenster rauszusehen, das Reisen mit jemandem wie A. ist total unvertraut, Freund hin oder her, die geteilte Wahrnehmung ist fremd. Daß sie fehlt, ist eine Vortäuschung falscher Tatsachen, die geteilte Wahrnehmung gibt es nicht.
Ich sehe, was ich sehe, alles andere ist eine Erzählung.

Am Abend schicke ich A. eine Nachricht – »ich hoffe«, schreibe ich, »es geht dir gut«.
Er antwortet umstandslos – »morgen komme ich zurück. Ich hole dich in Nordenham am Bahnhof ab. Ja?«

VI.

Der 21. September in der Wesermarsch ist verzaubert und verwunschen. Am blauen Himmel verblaßt der halbe Mond, es geht kein Wind, der Tag sinkt auf den Boden dieses Jahres wie ein Stein. Husumer Deich, wir laufen ein Stück am Strand lang, von vierzig Kränen in Bremerhaven auf der anderen Seite des Wassers stehen vierunddreißig still. Der Queller ist noch grün, bald wird er rot sein, habe ich über den Tag geschrieben, ist die Reise vorbei und ich pflücke eine Sprosse und esse sie – Salz, Konsistenz von Algen, Liquid, Nahrung für Nonnen- und Ringelgänse, Nahrung der Zukunft für uns.

Welches Tier macht dieses leise plappernde Geräusch im Schlick?
Der Röhrenwurm.

Ich kann mich nicht erinnern, daß wir mehr als diese zwei Sätze gesprochen hätten. Schweigendes Gehen, einverstandenes Schweigen. Wir sitzen auf der Bank oben in der Sonne auf dem Deich und in den Salzwiesen reitet ein Mädchen auf einem Islandpony im Tölt der Sonne entgegen, dann dreht sie um, mit der Sonne im Rücken holt sie ihr Telefon aus der Jackentasche und fotografiert sich selbst.
A. schlägt sein Skizzenbuch auf.
Ich gehe den Deich runter zum Flohmarkt auf dem Hof an der Landstraße, es gibt einen ausgestopften Fuchs, eine zerlesene Ausgabe der Brüder Karamasow, Tassen und Aschenbecher aus Steingut und ein Fahrrad und ich kaufe nichts, außer drei Wesermarschäpfeln, gehe auf den Deich zurück und setze mich wieder neben A. auf die Bank.
Wir essen die Äpfel, trinken ein wenig warmes Mineralwasser dazu. A. hält mir ungefragt sein Skizzenbuch hin – Pony Reiterin Telefon – dann klappt er es zu.

Ich sage, gute Äpfel.
Er sagt, das finde ich auch.
Mehr sagen wir nicht.

Der Samstag still wie ein Sonntag, Himmel wolkenlos wie im August, das Motorengeräusch eines Propellerflugzeuges ein Geräusch aus dem Sommer, friedlich, die Zeit ist eigenartig gedehnt und weit. Schläfrigkeit eines Septembernachmittags, verlorene Liebesmüh im schönsten Sinn, all das Nichtbeschlossene und ebensowenig Gedachte eines sich neigenden Jahres, das deutlich zu Tage tritt; später wird mir diese Reise vorkommen wie ein unlösbares Rätsel. In der Luft sind Spinnweben, senkrecht, vibrierend, dann treiben sie weg. Das Wasser steigt jetzt schnell. Die Krabbenkutter weit draußen auf der Weser ziehen die Netze durch, Kolonien von Steinwälzern flattern auf. Alles hat ein Gewicht. Das Unaufgeräumte hat ein Gewicht, das Liegengelassene, Aufgegebene hat ein Gewicht, das Gras, das hier zwischen den Gehwegplatten wächst, das hohe und verwucherte Ried.

In Sehestedt ist der Campingplatz geschlossen, alle Einrichtungen abgebaut, kein Hinweisschild in jedwede Richtung. Nachsaison, der Deich im Abendlicht, und die Leute parken ihre Autos am Ufer, gehen vom Auto aus noch ein letztes Mal baden. Wasser aus Blei, Hunde an der großzügigen Leine, eine Atmosphäre wie auf der Krim, an den aufgegebenen, mit Schwermut aufgeladenen Orten dieser Welt. Wir wissen gar nicht wirklich wo wir sind – in Sehestedt bleibt die Zeit stehen, sind die Schwimmer unsterblich, das Wasser ein Limbus und alle Geräusche wie unter einer Glocke, gedämpft, verlangsamt, irreal. Wir suchen das Schwimmende Moor und weil wir annehmen, es wäre eine weite Gegend, in der wir dem Landgangstipendium doch abhanden kommen würden, können wir es lange nicht finden. Aber das Schwimmende Moor ist, als wir endlich darauf stoßen, eine Art Zimmer, der Rest von etwas, ein Biofakt.

Der Bohlenweg durch den Karpatenbirkenwald endet nach zwanzig Metern an einem hölzernen Häuschen. Er führt nicht daran vorbei, und also treten wir ein und sehen zum Fenster raus. Salzwiese, Torfmoose, Wollgras und Heidekraut. Sonnentau. Gagelstrauch. Röhricht und Schilf. Die Wasseroberfläche grünschwarz und blank. Blesshühner und Enten, Möwen, ein Säbelschnäbler und ein Kormoran. Blick auf eine in sich verschlossene Welt – die vor Einbruch der Nacht einfliegenden Vögel, das ruhiger werdende Wasser, sich von außen nach innen verdunkelnde Licht. Als wäre das Schwimmende Moor eingeschlossen in eine Schneekugel ohne Schnee, angefüllt mit was anderem, mit Splittern einer fremden Atmosphäre. Wir sehen hin, bis die Sonne hinter den Horizont gerollt ist.

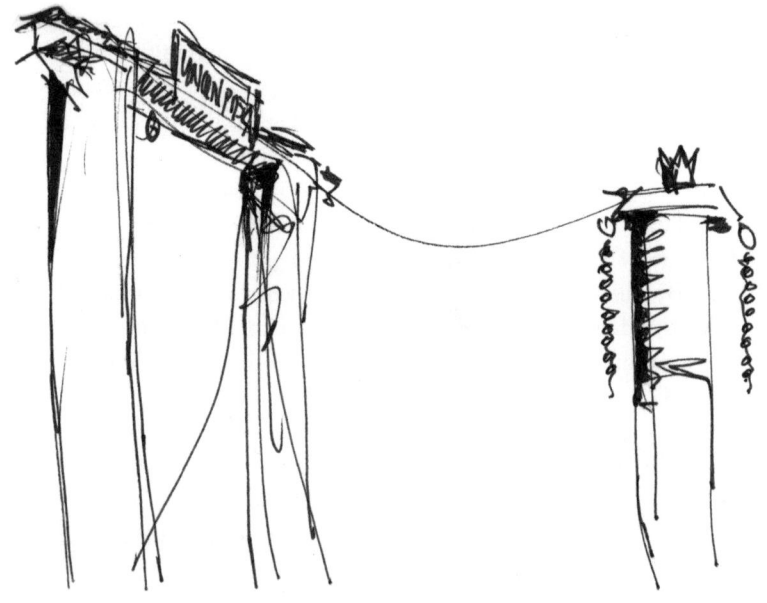

Am Morgen in Nordenham stehen wir an der Werft am Wasser, auf dem grünen Ponton am blaugrauen Fluß. Die Weser. Zieht von rechts nach links mit starker Strömung an uns vorbei zum Meer hin. Es ist morgendlich kalt, die Luft ist klar, voller Salz und Dichte, das Strömen des Flusses energetisch.

Wir halten jetzt Abstand voneinander, wir führen, aus diesem Abstand heraus, dann doch noch ein kleines Gespräch.

A. sagt, vor dem Fest ist es am schönsten. Danach – nicht so einfach. Danach ist es irgendwie vorbei.

Ich sage, fällt dir das wegen des Flusses ein. Die Weser kurz vor der Mündung ins offene Meer.

Er sagt, ja kann sein.

Ich sage, mit dieser Einstellung kann man schwerlich ein Leben führen.

Er sagt, du lebst doch selber so.

Ich sage, ach. Tue ich das.

A. sagt, ich möchte noch ein wenig zeichnen.

Ich sage, dann geh ich schon mal los. Ich warte am Auto auf dich. Könntest du mir die Autoschlüssel geben? Und lass dir Zeit.

Alle Aufenthalte in Oldenburg sind Aufschübe. Wir bewegen uns auf den Abschied zu, auf das Ende der Reise und auf das in gewisser Weise erleichternde Ende der gemeinsamen Wahrnehmung. A. zeichnet nichts mehr und ich schreibe nichts mehr auf.

Er sagt, laß uns noch ein wenig spazieren gehen, er könnte auch sagen, laß uns noch ein wenig miteinander schweigen.

Wir spazieren über das Kasernengelände, an den ausgebauten, sanierten Häusern vorbei, in denen Soldaten und Offiziere Kriege ausgedacht, gelebt haben. Die Straßen heißen Weiße Rose, Anne-Frank-Platz, findest du, daß das geht, sagt A., ich sage, ich finde, daß das gar nicht geht. Die Gehwege sind unbelebt, die Spielplätze verlassen, aber in den Bäumen haben sich die Kinder Buden aus Dielen und aus Balken gebaut, sie sind aus den Kasernenhäusern ausgezogen. Auf einer großen schwarzen Tafel steht ein halb angefangener Satz – »before I die, I want to« – und darunter, in einer anderen Schrift – »durch ein Lavendelfeld reiten«, weiter wollte offenbar niemand diese Frage beantworten. Wir machen eine Pause auf den Stufen vor dem geschlossenen Casino. Mein Telefon klingelt und ich lasse es klingeln. In den Gärten werden die Barbecuegrills aufgebaut, die Sonnenschirme zugeklappt, die Markisen eingefahren, Tische für das Abendbrot gedeckt. Offene Terrassentüren, Stimmen in den Abend hinein.

Wie wollen wir leben.

Wir haben uns auf dem Platz vor dem Hotel voneinander verabschiedet.

A. hat gesagt, hast du alles, eine Frage, die sowohl fürsorglich gewesen ist, als auch eigennützig.

Ich habe sehr sorgfältig meine Stifte, meine Wasserflasche aus dem Türfach des Autos genommen, meinen Mantel, meinen Schal von der Rückbank, meinen Koffer aus dem Kofferraum gehoben.

Was für eine Reise haben wir zusammen gemacht?
Vielleicht – eine sentimentale.

Dann sind wir auseinandergegangen.

Dank

Ich danke Matthias Politycki, Marion Poschmann, Michael Kumpfmüller, Mirko Bonné und Judith Hermann für die literarischen Reflexionen ihrer Reisen durch das Oldenburger Land. Für ihre weit geöffneten Sinne als Landgängerinnen und Landgänger. Für die Gespräche, die wir auf den Bühnen der Lesereisen, die wir vor und nach den Lesungen geführt haben. Für die Nähe.

Andreas Reiberg danke ich dafür, dass er Judith Hermann ohne Auftrag und ohne Stipendium des Literaturhauses auf ihrer Reise begleitete und sich auf den künstlerischen Dialog mit ihr einließ; dass er seine Zeichnungen für die Veröffentlichung in diesem Buch zur Verfügung stellt.

Weder Lesereisen, noch Erkundungstouren lassen sich bei einem Projekt dieser Größenordnung ohne Partner realisieren. Seit 2015 waren und sind meine Partner das Museumsdorf Cloppenburg, die Buchhandlung Terwelp in Cloppenburg, das Industrie Museum Lohne, der Verein LiteraturPlus Wesermarsch, die Stadtbücherei Nordenham, das Schifffahrtsmuseum Unterweser in Brake, das Kulturzentrum Seefelder Mühle, die Organisatoren der Horumersieler Literaturtage, das Schlossmuseum Jever, die Städtische Galerie Delmenhorst, der Bahnhofsverein Westerstede und die Buchhandlung Prien in Wilhelmshaven. Sehr herzlich danke ich Bernhard Brakenhoff, Dr. Sigrid Canz, Dieter Dollau, Jochen Dudeck, Uta Esselborn, Ulrike Hagemeier, Michael Hellbusch, Cornelia Iber-Rebentisch, Dr. Christine Keitsch, Prof. Dr. Uwe Meiners. Liane und Jörg Oelrichs, Dr. Annett Reckert, Prof. Dr. Antje Sander, Dr. Julia Schulte to Bühne, Michael Terwelp und Bodo van Rüschen.

Ein abschließender, besonders großer Dank gilt der Kulturstiftung Öffentliche Oldenburg, die seit 2015 mein großzügiger Förderer und Partner des Projekts Literarischer Landgang ist.

Monika Eden, Oldenburg, im November 2020